问津文库

天津记忆第二种
主编 王振良

苍苔芳华
洋楼背后的故事

王振良 著

天津出版传媒集团

天津古籍出版社

图书在版编目（CIP）数据

荏苒芳华：洋楼背后的故事/王振良著.——天津：
天津古籍出版社，2014.8
（天津记忆/王振良主编）
ISBN 978-7-5528-0258-0

Ⅰ.①荏… Ⅱ.①王… Ⅲ.①名人—故居—介绍—天
津市—近现代②名人—生平事迹—天津市—近现代 Ⅳ.
①K878.2②K820.821

中国版本图书馆 CIP 数据核字(2014)第 130368 号

荏苒芳华：洋楼背后的故事

王振良 著

出版人/张玮

*

天津古籍出版社出版

（天津市西康路 35 号　邮政编码：300051）

http://www.tjabc.net

天津印艺通制版印刷有限责任公司印刷

全国新华书店发行

开本 880×1230 毫米　1/32　印张 10.25　字数 250 千字

2014 年 8 月第 1 版　2014 年 8 月第 1 次印刷

ISBN 978-7-5528-0258-0

定　价：49.00 元

序

罗澍伟

听振良先生说,他的这本《荏苒芳华:洋楼背后的故事》即将付梓,真的替他高兴。书名好像有点儿炫耀,但读起来却深感内容的踏实、认真与深邃,因为,他是带着沉重的历史责任感,来完成这本书写作的。

对于天津是中国历史文化名城,一些人似乎不清楚也不明白。

近代天津是中国北方最早和最大的开放城市,工商业和港口贸易发达,又有九国租界之设,因而吸引了众多的北洋政要和社会名流来此寓居,遗留下数以千计的"小洋楼"。城市的大街小巷似乎都有历史的屐痕在诉说过去,每幢建筑也都流露出历尽霜雪之后的仪态与风姿;可是,经过岁月的磨蚀以及特殊背景的洗礼,这种多姿多彩的历史触觉,往往变得模糊不清了,以致在新一轮的城市建设中,不少历史建筑因为身份不明,历史价值和人文价值未能得到彰显而被盲目拆除。振良先生认为,穿过历史的尘埃,对"小洋楼"进行身份确认,寻找"小洋楼"曾经的主人,不但是文化遗产保护的重要一环,而且对深化相关历史人物的研究,对天津历史文化名城的宣传，也有积极的意义。说到这里，竟使我想到，为本书起个炫耀点儿的名字，不是没有道理的。

　　为进行这项工作，十数年来振良先生布衣蔬食，安步当车，几乎跑遍了整个天津，查遍了相关史料，访遍了知情人士，相互叠加，相互参照，相互印证，经过冥思、觉悟和整理，总结出一套"三重证据"法，这就是一幢名人故居的确认，要经过相关联者的指认、文献资料的定位、实地考察的补充，即人证、书证和旁证的结合。长一分见识，增一分阅历。本书所述的二十多个案例，很多就是"三重证据"的成果，是明白无误的信史。深入的剖析，认真的解读，丰富了我们这座城市的历史与生命。

　　在我的印象里，振良先生从未有过慵懒的悠闲，也从不追求前沿的时尚，而是淡看人间功利，远离凡尘索求；生活中的他，总是用时时刻刻的努力，来体现自身的宁静、淡然与价值。我们都明白，机遇虽然无处不在，却又常常被错过。所以，一个人有才华并不等于成功，成功始终需要争取、打拼和营造。吃苦越多，付出越多，才会越有价值，才会得到自如的释放空间。

　　振良先生通过自己的努力，为我们揭示出那些与当代文明相距大半个世纪、要经过多少悟思才能够释疑的故事；让我们在欣赏天津杰出建筑的同时，可以边走边读这座城市的历史，用那些带着时间印记的往事唤起读者沉淀的记忆，让喜欢探究历史的读者产生遐思，谱写出浮想联翩的心曲。

　　把存储的记忆诠释得真实与鲜活，并得到社会的认知与接纳，我想正是本书出版的价值所在。

2013 年 11 月 13 日

目　录

001　序 / 罗澍伟

001　马占山津门历险
012　萧振瀛天津当市长
021　李文田天津抗日
032　吉鸿昌天津遇刺
042　张自忠热血染疆场
052　张作相拒当汉奸

062　"洋灰陈"津门办实业
073　叶兰舫天津发迹
083　庄乐峰创办"耀华"
092　李烛尘塘沽兴化工
103　卞俶成振兴隆顺榕
113　张克忠献身化学

122　探访严复在津居所

132　刘春霖与"状元楼"
142　金息侯客寓津门
151　亦商亦文的王氏家族
161　卢景贵津门著书
171　建筑大师杨廷宝

181　"皇帝"在津打离婚
189　寓居津门的小德张
197　"辫帅"在津度晚年
207　末任北洋总理潘复
217　孙传芳喋血居士林
227　杜建时隐身桂林路
235　共和国"反腐第一案"

246　附录一:鲜为人知的天津名人旧宅
281　附录二:原意奥租界历史建筑身份初步考察
294　附录三:开放的五大道　开放的小洋楼
301　附录四:"三重证据法"及其在确认历史建筑身份中的运用

315　后记:我的"荏苒芳华"/王振良

马占山　字秀芳。祖籍河北省丰润县,1885年11月30日出生于吉林省怀德县毛城子乡(今公主岭市毛城子镇)西炭窑屯。1911年投奉军当兵,1928年东北易帜后任黑河警备司令。1931年"九一八"事变后,任黑龙江省代主席兼黑省军事总指挥,率部在嫩江大桥等地抗击日军,史称"江桥抗战"。1933年,任国民政府军事委员会委员,1934年来到天津寓居。其间曾参与推动"西安事变"和平解决。1937年卢沟桥事变后任东北挺进军司令,率部在晋绥抗日。新中国成立后作为民主人士参加了中国人民政治协商会议。1950年11月29日在北京病逝。"江桥抗战"打响了东北抗日第一枪,在国际上产生巨大反响。当时上海福昌烟草公司抓住机遇推出"马占山将军"牌香烟,印有其戎装大半身画像,该烟标现已成革命文物。

位于本市五大道地区的湖南路11号,70多年前曾住过一位抗日名将——

马占山津门历险

冷风不停地吹打着湖南路11号,严寒中伫立的小楼显得破败萧条……随着时光的流逝,现在很多人已不知道,70多年前,这里曾经住过一位抗日名将——马占山。

打响东北抗日第一枪

记者近日曾两次来到这位风云人物的旧居采访,结果两次都遇到今冬天津少有的奇寒天气。

马占山出生在吉林省怀德县毛城子乡,距我的老家怀德镇还不到20公里。我中学时的乡土课本里,曾绘声绘色地讲过马占山打日本鬼子的故事。在我的故乡,现在很多人可能不知道马占山,

湖南路11号马占山旧居

大理道九号马占山居所

但却人人晓得清朝末年杀富济贫的绿林好汉"马小个子"。因为马占山身材五短,因此人们给他起了这个不无亲昵的称呼。

马占山青年时曾被逼落草,后来投到奉军吴俊升部下,因作战勇猛屡立战功。1926年,从军短短十几年的马占山,已升任奉军的骑兵第二军军长。1931年的江桥抗战,使得马占山的名字响遍了全国。

马占山天津旧居在今湖南路11号,一楼现被卖元宵和粽子的小贩租用。窗户上用红笔写着粗劣的文字广告:"江米粽子""宁波汤圆"。站在门外的风里,粽子的清香时有时无。

面对旧居,震惊世界的江桥抗战,就像一幕电影,在记者的脑海里逐渐显现出来……

1931年9月18日,日本关东军炮轰沈阳北大营,"九一八"事变爆发。张学良奉行蒋介石的不抵抗政策,十余万东北军不战而退,背上"不抵抗将军"的骂名。9月底,醒过味儿来的张学良在锦州重设东北边防军长官公署,同时任命黑河警备司令马占山代理黑龙江省政府主席,赶赴省会齐齐哈尔。马占山将境内驻军5个旅10个团1.3万人集结于齐齐哈尔以南的大兴地区,与北犯的日伪军隔嫩江对峙。

11月3日,日伪军进抵嫩江大桥南端进行各种挑衅。4日午,日军700人在飞机、重炮掩护下,向我军阵地发起攻击。马占山不顾蒋介石的不抵抗政策,命令部队坚决反击。战斗到晚上8点,日军遗尸400多具后败退。此后战至18日,马占山所部多次击败日伪军进攻,自己伤亡也超过6000人,弹药差不多打光了,于是被迫退往黑嫩平原腹地的海伦。江桥抗战结束。

19日晚,日军在付出了5000人的惨重代价后,占领黑龙江省会齐齐哈尔。马占山重整旗鼓后,与日军继续作战,最后失利退入苏联境内。

津门数度遭暗杀

1933年6月底,马占山辗转苏联、波兰、德国、奥地利、意大利、印度、新加坡等地回到上海和南京。为了尽快回到抗日前线,他找准机会到庐山拜见蒋介石请战,结果蒋只给了他一个军事委员会委员的闲职,让他每个月按时领取500大洋的薪水,实际上等于把马占山挂了起来。

1934年8月中旬,无事可做的马占山搬到天津居住。当时跟随他的包括副官杜海山、警卫张凤岐以及秘书杜韵霞等。其家属已经先期住到了英租界46号路燕安里40号(今和平区湖南路11号)洋楼,马占山便也在这里安顿下来。

在天津期间,马占山与河北省主席于学忠很要好,俩人是换帖兄弟,闲时常在一起打牌。当时东北军的抗日将领都是日本人的眼中钉,马占山更是日本人打算除掉的重点人物。为此,日本特务机关专门派出特务团伊玖(绰号"死神"),执行对马占山的暗杀任务。为了监视马占山的行踪,日本特务专门从一个商人手中租用了马公馆后面的一栋小楼(今湖南路燕安里1号)。

据现居北京的马占山长女马玉文回忆,1935年初,日本特务成立了由四男一女五名中国人组成的暗杀小组,约定以女密探的手势为号,想用手榴弹炸死马占山。一天晚上,马占山正与于学忠等打牌,突然天津市公安局长宁匡烈来找于学忠,密报说日本特务要炸毁马公馆。于问怎么知道此事,宁说是暗杀小组中有个叫马跛子的告了密,同时其他四人已经抓住。于学忠当即赏给马跛子500块大洋,其他四人枪毙了事。

日前,马占山的孙女马志清,带记者到湖南路旧居进行了踏访。记者看到,日本特务租用的小楼,与马占山的居所仅一米之隔,两栋楼之间最近的窗户也只有约两米远,监视马占山的行踪和扔手榴弹,都是十分方便的。

马志清回忆说,日本特务暗杀未遂后不死心,不久又绑架了马占山的儿子马奎(即马志清的父亲)。这事发生在1935年。

马奎是个公子哥,专好吃喝玩乐。一次他到日租界中原公司(今百货大楼)楼上跳舞,突然窜出几个人,蜂拥着将其架走,几个月没有音信。原来这是日本人指使汉奸石友三干的。后来石通知马占山说,儿子在他手里,必须交100万元才能赎回。马占山恨儿子不争气,同时不想让日本人阴谋得逞,次日在《大公报》《益世报》刊出声明:"马奎平日吃喝嫖赌,无所不为,已脱离父子关系,对马奎的一切概不负责……"日本人的企图再次落空。

不久,马奎也找机会跑了回来。据马志清介绍,他父亲从日本人那儿逃回来还有个小插曲。原来马奎被绑架后,由一个给日本人干事的中国翻译监管。那个翻译有个女朋友,因为怀孕,哭闹着要结婚。翻译因为无钱,弄得手足无措。马奎乘机说,我能弄到钱,但必须给我个机会与家里人联系。于是翻译跟着马奎来到国民饭店,马奎给夫人打电话交代有关事项。"钱"拿来后,马奎打开盒子,就势从里面掏出一把手枪。这下可把那个翻译吓坏了,跌跌撞撞地跑了。

后来,团伊玖又在天津策划了两三次对马占山的暗杀活动,都因为马占山处处留心,加上有于学忠的明里暗地的保护,最终都化险为夷。

马占山的寓公生活

马志清是马奎长女,也是马占山的长孙女。她1927年生于黑龙江省海伦县,1932年马占山在黑龙江抗日时,她与祖母、母亲等被先行安排到天津寓居。马志清回忆说,那时她只有五六岁。祖父来天津比她晚了两年多。

面对着祖父旧时的居所,马志清陷入回忆之中。快七十年了,很多比较重大的事,她已经记忆模糊。相反,倒是不少无关紧要的细节,深深留在了老人的记忆里……

马志清回忆说,她当年与祖父居住在天津时,房子的门是在小楼的左侧,不像现在把门开到了正面当中。另外附楼前面原来有一个车库,现在早已拆除。提到车库,马志清又想到祖父曾养过一只很聪明的鹩哥。她说,鹩哥给她的童年留下不少的乐趣。那只鹩哥特别善于学汽车叫。每次马占山回家,汽车都要鸣喇叭,示意警卫来开门。有时鹩哥淘气,就惟妙惟肖地学汽车喇叭声,因为学得太像了,警卫忙不迭地跑出来开门,可门外毫无动静,这才知道是上了鹩哥的当。

马占山旧居,现在是一个居民大杂院。走进楼里,黑黢黢的。这里的老居民热情地为我们开灯,以便上下楼能方便一些。走上三楼的大露台,已经不是往日的面貌。马志清说:"小时候没事儿,我经常在这里荡秋千!"语气里,充满了对儿时生活的怀念。

马志清一边介绍马占山当年生活过的房间，一边回忆着往事。她说，祖父治家很严格，也非常传统，家里的人都很怕他，只有姑姑马玉文，能与祖父说得上话，因此家里有什么事，多是通过姑姑到祖父那里请示。祖父在天津的生活比较单调，打麻将、谈时事占去了大部分时间，有时也带着她去附近的民园体育场看赛马，偶尔还给她买一些小玩具。祖父禁止父亲带着我出去玩儿，但我还是偷偷地跟父亲跑出去，跟父亲出去可以玩很多新鲜的东西……一次看赛马买彩票，上面印有兔子，我说："这个兔子的耳朵不会动，爸爸领我看的那个兔子耳朵会动！"无意之中，我把父亲带我偷着出去玩的秘密给暴露了。

马志清还向记者讲了件趣事。大约1934年起，她开始在天津义安小学读书。学校离家挺远，要穿过海河的一座大桥。平时每天都是汽车接送，可她发现，同学基本都是走着上学，这让她挺尴尬。一次放学，汽车按惯例来接，她说什么也不上车，表示要走着回家。最后的结果是，汽车在前边慢慢开，她则在后边跟着汽车走。

1937年，随着日本加紧侵华，居住在天津英租界已经不大安全。马占山把家属转移到了上海。7月7日，日本发动卢沟桥事变，开始了全面侵华战争，平津形势日益危急。7月30日天津陷落前夕，马占山与警卫张凤岐等人，乘坐最后一趟列车匆忙赶往南京，结束了将近三年的在津生活。

后人散居三北地区

马志清向记者介绍了马占山后人的一些情况。

马占山生有二子一女。长子马奎,字子元。新中国成立前曾在黑龙江某县任地税捐局长,新中国成立后在周总理特别关照下,在水利部任专员。据记忆当时月薪达800元(当时刚参加工作的马志清,每月工资只有20斤小米)。马奎1966年在北京去世。

长女马玉文,1905年生,今年4月恰好满一百岁,现住在北京,是某区的政协委员。

次子马复兴,为马占山的姨太太所生,现在东北老家,其他情况不详。

马奎有三子四女。长女即马志清,为原配所生,其余三子三女均为姨太太所生。长子马志宏、次子马志成,现在黑龙江省务农;次女马志平,在北京工作,现已退休;

马占山孙女马志清和丈夫韩宝轩

三子马志伟,"文革"中随舅舅去青海,现任全国政协常委、民革青海省委员会主委;三女马志光,在北京工作,现已退休;四女马志敏,已故。

马志清1950年北京大学毕业留在北京,1954年调天津大学图书馆工作,1991年在副馆长职位上退休,是研究馆员。

马志清的丈夫叫韩宝轩。其父韩家麟,吉林省梨树县人,为马占山在东北剿匪时所收义子,"九一八"事变时任少将参议,曾协助马占山指挥江桥抗战,1932年与马率部分别突围时牺牲。当时马占山带领20多人隐蔽行动,韩家麟指挥的是主力部队,因此日军发现韩身穿将军服的尸体时,误以为是马占山,就将头割下来挂在海伦城头示众,并作为重要"战果"在报纸上进行了大肆宣传。1986年,韩家麟被国家民政部追认为革命烈士。

韩宝轩1918年生,复旦大学毕业。新中国成立前曾参加党的地下组织,后长期在天津工作。他与马志清有一女一子。女儿韩立在石家庄工作,儿子韩明在天津师大图书馆工作,与两位老人生活在一起。

马占山在津旧居,已经多年不为人知。去年一个偶然的机会,才经马志清与丈夫指认确定。马志清说,马占山旧居及与之毗邻的今湖南路13号和15号,原来是结构一模一样的三栋小洋楼,据说是一位富商为其三个儿子修建的。由于拆改,这三栋小楼现在都有了不同程度的改变,但仍可依稀看出它们大体相同的形制与规模。

马占山旧居的现住户、今年74岁的田秀敏大娘向记者介绍了一些情况。田大娘说,她是1969年搬到这里居住的,此前这栋楼归一个姓杨的翻译所有。这个楼院里,最多时住过13户人家,现在还有3户。杨家也一直有亲族住在这里,近年才搬走。杨家以前的情况,她就知之不多了。田大娘还回忆说,楼后燕安里1号,原来是个皮货商的住所,其后人前几年还曾回来寻根。

当记者提起马占山曾居住在小楼里时,田大娘十分惊讶,她说:"真想不到,几十年前,我现在的家还曾住过一位抗日英雄!"

附：马占山故居

马占山1934年8月来津，居英租界46号路燕安里40号，即今和平区湖南路11号洋楼。该楼为折中主义风格建筑，约建于20世纪20年代。为砖木结构，主体两层，局部三层，带地下室。另有一很小的附楼，通过短短的过街楼连接，为佣人居所。主建筑的左山墙，唐山大地震时倾塌，后经修复加固，现基本保持原貌。

另外，今大理道9号和30号，据有关人士指认和查考，可能是马在津的两处临时寓所，但30号的原建筑已不存。

按：本文为"天津小洋楼的故事"第1篇，刊于2005年3月10日《今晚报》第34版"滨海·乡情"（《今晚滨海》专版第339期）。

萧振瀛 字仙阁。1890年5月2日生于吉林省扶余县(今扶余市)四马架村。曾就读扶余县小学堂、中学堂。1916年毕业于吉林法政专门学校,入吉林督军署任军法官。后又任吉林省议员、田赋局局长等。1924年投奔西北军,任绥远都统府咨议兼临河县知事。1925年任临包道尹兼五原县长。1927年11月,任西安市市长兼国民革命军第四方面军军法处处长。1930年中原大战后,任国民革命军东北边防军第三军总参议。1932年该军改编为第二十九军,仍任总参议。1932年8月,任察哈尔省政府委员。1935年11月,任察哈尔省政府主席,旋调任天津市市长;12月,任冀察政务委员会委员。1936年8月离市长任,居北京香山,不久以特使身份赴欧美考察实业。1937年抗战爆发后归国,任第一战区长官部上将总参议。1940年辞职,携眷移居重庆。在渝创办大明公司、大同银行等,并捐设松花江中学。抗战胜利后,在上海主持大同银行,并在西安、兰州、北平、天津设立分行。1947年5月8日病逝于北平。

他拒绝了日本的所谓"经济合作",同时亲自
上街演讲,同情支持爱国学生反日示威游行——

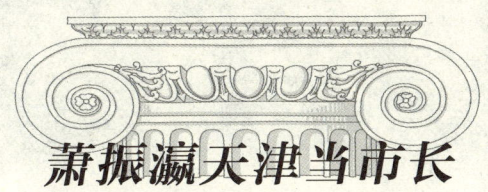

萧振瀛天津当市长

今五大道桂林路协兴里,是一条狭窄幽长的里巷。接近里巷尽头的协兴里11号,为西式二层连体楼房中的一所。你也许想不到,就是这座普通楼房,与20世纪30年代的天津市长萧振瀛发生了联系。协兴里11号是萧振瀛父母的寓所,萧本人也曾偶尔居住。近日,记者采访了萧振瀛的侄女萧英华女士和孙子萧纲明先生,了解到萧振瀛在天津任市长时的一些活动及其后人近况。

组织重建二十九军

1930年,在蒋冯阎中原大战中,冯玉祥部西北军解体。张学良入关主持华北军政,进驻北平。蒋介石的南京国民政府给西北军余

萧振瀛和刘文瑛夫妇与孙子萧纲明、萧纲毅(怀抱者)

部留了一个军的编制。萧振瀛因有东北军渊源,因此得到万福麟、莫德惠、刘哲等的帮助,使张学良同意这个军的编制由萧来组织。

当时西北军余部张自忠、李文田驻曲沃,宋哲元驻运城(由参谋长张维藩主持,宋在太原)。萧振瀛邀集西北军各将领在运城开会,与会者有萧振瀛、宋哲元、张维藩、张自忠、冯治安、赵登禹、何基丰和李文田等八人。在萧振瀛的坚持下,会议决定推选宋哲元为军长,于 1930 年 12 月成立国民革命军东北边防军第三军,萧振瀛任总参议。1932 年 12 月,该军改称国民革命军第二十九军。二十九军的建立,为后来的抗日战争保留了一支劲旅。

1935 年 11 月,萧振瀛任天津市市长。12 月,冀察政务委员会成立,宋哲元任委员长、河北省主席,萧振瀛任委员兼经济委员会主任委员。

萧振瀛在津主政期间,正是日本侵略者步步进逼,华北危机日益严重之时。在对日交往中,萧振瀛坚持维护主权的原则,拒绝了日本修筑沧石铁路和成立天津电气公司的要求。

据《华北危机纪实》记载,当时萧振瀛陪宋哲元会晤正在策划"华北自治运动"的日本特务机关长土肥原贤二。土肥原提出所谓"经济合作",萧振瀛当即严正表态说:"此非经济合作,实乃经济侵略,当然不可!"土肥原恼羞成怒,拔枪相向。萧毫不畏惧,也拔枪相对。土肥原连忙赔谢,事情才算收场。事后他曾对人说:"萧振瀛胆大如斗!"

同情天津爱国学生

据萧英华介绍,1935年底,"一二·九"运动爆发,全国各地纷纷响应。萧振瀛的堂弟萧振泽和嗣子萧朝伍都在北平读书,成为运动的积极分子。萧振泽参加南下请愿团,曾卧轨请愿,后入延安抗日军政大学学习,其间因病至重庆治疗,不久故去。萧朝伍除了演讲、喊口号、贴标语外,还运动到了家里。有人对萧振瀛说:"这孩子闹得太不像话了,再回来把他撵出去!"萧振瀛听后拍案大怒说:"谁敢撵,慢待一点儿我都不答应!"至交中也有人劝萧振瀛对子弟严加管束,萧说:"青年人爱国无罪,不能责难!"

萧振瀛严令天津市警察局局长孙维栋,不准对学生动用武力,甚至说:"谁开枪我就毙了谁!"为此孙维栋整日守在电话机前,随时与手下联系,生怕出现意外。萧振瀛还在孙维栋的陪同下,亲自到街头演讲,支持学生爱国运动,同时劝说学生理解当局。"一二·九"运动期间,天津未发生武力镇压学生的流血事件,这与萧振瀛对学生的同情和暗中保护是有关系的。

1936年5月28日，天津学生举行了反日示威游行。据当时《救国日报》报道，这次游行得到萧振瀛的允许和支持。为此日本人将其视为眼中钉，一定要去之而后快。在日本方面的压力下，1936年8月，萧振瀛被迫去职离津，到北京香山寓居。

　　萧振瀛同情支持进步爱国学生是有渊源的。1927年，冯玉祥在西北"反共清党"时，萧在冯的手下任西安市长和军法处长。当时冯在西安一地就逮捕了三千多名进步青年，结果绝大部分被萧振瀛释放。冯玉祥要枪毙萧振瀛，幸亏有西北军实力派宋哲元、冯治安、张自忠等支持以及闻承烈等说项，萧才最终保住性命。

　　据萧振瀛的秘书李德润后来回忆，当时萧见冯抓了那么多人，一连几天寝食不安。临刑前一天，他没去西安市政府上班，晚上也不回家，在军法处办公室待了一天一夜，来回不停地踱步。天快亮时，他喊来卫队长苏占元，命令即刻去监狱放人。苏问："放哪些人？"萧说："16岁以下的都放。"苏刚要离开，萧接着说："18岁以下的都放。"苏出门后，萧又追出去命令："20岁以下的，全都无罪释放！"这些青年中，后来很多人参加了革命。

居津期间生活简澹

　　据了解，天津与萧振瀛有关的居所至少有三处：马场道"吴公馆"、海河路"萧市长官邸"以及前面提到的协兴里。

　　"吴公馆"是军阀吴新田的宅邸。吴新田，1884年生，字荩孙，安徽合肥人。1902年入保定北洋陆军武备学堂，后转入陆军大学，毕业后在北洋陆军任管带。1919年任湖南岳阳镇守使，1922年调陕南镇守使，1925年任陕西督军，1928年下野后在天津寓居到去世。吴新田到津后，在英租界买下8亩地，建起"吴公馆"。

"吴公馆"位于今马场道74号。据记载，该楼由比商仪品公司设计建造，三层砖木结构，为英式花园别墅，院内建有亭台楼阁，并养有珍禽异兽。据萧英华回忆，萧振瀛在津期间，最初租住在"吴公馆"，她小时候常去那里玩耍。至少1935年9月萧英华离开天津时，萧振瀛还住在那里。可惜萧振瀛的这处居所现已拆除，原址建起前后两座中西合璧式新楼房。记者看到，新楼虽然与周遍环境还比较协调，但毕竟少了几分历史的凝重感。现在前楼是一家银行，后楼为河北大学驻天津办事处和古籍整理研究所。

海河路的"萧市长官邸"，即前不久刚刚拆除的台儿庄路54号海河罐头厂的厂部。拆除前萧氏族人曾到这里寻访，但没有留下照片。记者去拍照那天，正赶上罐头厂在

萧振瀛居住过的协兴里11号

正在拆除的台儿庄路54号海河罐头厂

拆迁，厂区的建筑已变成一片废墟。当记者准备拍罐头厂大门留个纪念时，大门也被铲车无情地推倒了。现场民工说，房子是十几分钟前刚刚落地的。记者来这儿前，刚好顺路到书店逛了不到半小时。如果不耽误这段时间，应该至少能给"萧市长官邸"存下几张照片。如今，记者的镜头里，只留有海河罐头厂的一片废墟，供人追忆和怀念。

"萧市长官邸"是萧振瀛真正的私宅。这所宅子，是萧以其夫人刘文瑛的名字购置的。该楼为二层别墅，楼前有小院，楼下为客厅和餐厅，楼上为居室。在二楼可看到海河上来往的船只。买下宅子后，萧就从"吴公馆"搬到了这里，但他在这里居住时间不长。他住进来时，约在1935年底，到1936年8月离津，前后才半年多光景。卢沟桥事变爆发后，正在国外考察的萧振瀛紧急回国参加抗战，就根本没机会再回天津了。此楼后来由萧氏族人代管，到20世纪50年代初售出。

协兴里位于成都道与桂林路交口不远处。这里1925年填土垫地，同年由协兴公司建房成巷，并以公司名字命名。巷子两侧为砖木结构楼房。今协兴里11号楼房，是20世纪30年代萧振瀛租用安置父母的，还有其他族人也在这里居住。萧振瀛的父亲萧国挺与母亲萧谭氏，一直住到20世纪50年代，并在这里先后去世。此后，萧氏族人继续在此租住。该房现为公产，萧振瀛的一个弟妇，至今仍生活在这所楼上。

据后人回忆，萧振瀛在津时，乘坐的是一辆黄色福特牌汽车。他不吸烟，不喝酒，不喝茶，还喜欢吹笛子，特别擅长《苏武牧羊》曲。他很健谈，尤其善于演讲，每次回家，兄弟子侄等都喜欢围住他谈天说地。

四子二女现均在世

萧振瀛先后娶过三位夫人，前两位夫人孟氏、苗氏都早逝，没有留下子嗣。1922 年，萧振瀛奉母命回到吉林老家，与刘文瑛女士结婚。两人生有四子二女，现均健在。另外，萧振瀛早年还曾从族人中过继一子。

嗣子萧朝伍，1912 年生，在北平求学期间曾参加"一二·九"运动，并加入党的外围组织抗日民族解放先锋队。后到延安参加八路军，任贺龙所部一二〇师某旅宣传干事。1940 年在晋西北牺牲，被追认为革命烈士。

长子萧朝礼，1923 年生。抗战前考入南开大学，后随学校内迁，毕业于西南联大。1947 年萧振瀛去世后，继任大同银行董事长。新中国成立后曾在天津小白楼开设美新舞餐厅，当时很有名气。他一直未正式参加工作。现居天津。

次子萧朝智，1926 年生。新中国成立前就读于华北大学，1949 年未毕业即去台湾。后回到天津，参加市教育局办的师资培训班，结业后在天津市第二十五中学教书。1980 年前后移居美国。

三子萧朝良，1931 年生。北京大学外语系毕业，中国科技大学研究生院教授，现已退休，居北京。

四子萧朝本，1937 年生。北京土木建筑工程学校（今北京土模建筑工程学院）毕业，在济南第一市政公司工作并退休，现居济南。高级工程师。

长女萧慧卿，1929 年生。美国某护士学校毕业，护理专业。现居美国科罗拉多州。

次女萧慧贞,1934年生。现居美国夏威夷州。

记者采访的萧纲明,是萧朝礼长子,也是萧振瀛长孙。他1944年生于重庆。1951年至1957年在北京、天津读小学。后在天津一中读中学,1963年毕业。1965年进入天津市刹车管厂工作,直至2004年退休。现居天津。

因为是长孙,萧纲明很得祖父喜爱,出生不久就离开父母,生活在爷爷、奶奶身边。谈起对爷爷的印象,他说当时年幼,记忆已模糊不清。只记得小时挺瘦,爷爷却以"胖孙子"相称。还有就是,无论萧纲明要什么玩具,萧振瀛都尽量满足。

记者采访的萧英华,是萧振瀛的堂侄女。她1921年生,1942年高中毕业后去小学教书。1946年考入河北女子师范学院(1950年毕业时已改称河北师范学院,今河北师范大学)。曾在天津工业学校(今天津工业大学)、工农师范学院、天津市女子第六中学教书,最后在长征中学退休。萧英华的父亲萧振寰,是萧振瀛堂弟,吉林法政大学毕业,20世纪30年代曾在河北某县任县长。

按:本文完成于2005年7月3日,是"天津小洋楼的故事"里的一篇,当时因故未能发表。后以《协兴里11号:肖振瀛故居的惟一遗存》为题,摘要刊于2009年2月24日《今晚经济周报》总第509期(蓝刊第18期)第C03版"圈子·天津记忆"(第11期)。本书收录的是未删改之原文。

李文田 字灿轩,河南浚县人。清光绪二十年(1894)正月初五生。毕业于保定陆军军官学校第六期步科。曾任西北军团长、旅长及兵工厂总监等职。1936年1月,任察哈尔保安处处长,2月授少将军衔;第二十九军重建时任第三十八师副师长;同年底驻防天津,兼任天津警备司令、市公安局局长(次年2月改为天津市警察局局长),并一度代理天津市市长。在津期间曾大力整饬警风、改革警政。1937年7月27日,在天津寓所主持召开"七人会议",并于29日凌晨2时指挥部队实施"天津大出击",对侵华日军发动突袭。后因日军援兵到来被迫撤出战斗,转战河北等地继续抗日。1937年10月,第三十八师升格为第五十九军,任副军长。1938年5月,任第二十七军团副军团长。曾协助张自忠指挥随枣、襄樊等战役。1940年7月,任第三十三集团军总司令。1946年7月,任第三绥靖区副司令官。1948年9月授陆军中将军衔。后因不愿打内战脱离军队,1949年3月任总统府参军。1951年在原籍逝世。

今北安道20号欧式风格洋楼,1937年天津沦陷前曾在此秘密举行决定向侵华日军发动攻击的"七人会议"——

李文田天津抗日

1937年7月29日,天阴沉沉的。持续的枪炮声和浓浓的火药味弥漫在天津的大街小巷,被史学家称为"天津大出击"的攻击日本侵略军的战斗正在激烈进行。这次战斗最主要的决策者,就是时任第二十九军第三十八师副师长的李文田。

六十余年过去了,李文田当年在津旧居仍然保存完好。不久前,记者怀着崇敬的心情,踏访了这位抗日名将曾经生活过的地方,并采访了他的女儿及有关史学专家。

"七人会议":决定向日寇采取攻势

李文田毕业于保定陆军军官学校,曾任西北军团长、旅长等职。1936年授少将军衔,同年任第三十八师副师长驻防天津,兼任天津警备司令、市公安局局长(后改为市警察局局长)。

1937年7月7日卢沟桥事变后,天津形势十分危急。作为日本的华北驻屯军司令部所在地,驻津的侵略军不断演习,加紧进行攻击天津的准备。

7月25日,第三十八师师长张自忠赴北平与日本人谈判,天津军政事务遂主要由李文田负责。李积极调整第三十八师部署,命令分驻在塘沽、汉沽、廊坊、小站、东大沽、马厂、韩家墅等处的各部队,适时向天津市区靠拢,随时听候命令。27日,第二十九军军长宋哲元发出"自卫守土"通电。李文田当日接到通电后,决定立即抗战。

27日上午10时,李文田召集在津的主要军政负责人开会。据天津师范大学历史系教授李惠兰介绍,这次会议的参加者包括:第三十八师副师长兼市警察局局长李文田、第一一二旅旅长黄维纲、

原北安道20号李文田旧居

独立第二十六旅旅长李致远、第三十八师手枪团团长祁光远、天津保安司令刘家鸾、天津保安总队队长宁殿武以及市政府秘书长马彦翀等七人，因此史称"七人会议"。

"七人会议"召开地点就在李文田寓所。根据有关资料和当事人回忆，我们可知会议作出了以下几项决定：一是趁日军兵力不足，主动出击打一个突袭战，攻击时间定在29日凌晨2时。二是统一指挥第三十八师和地方保安部队，选举李文田为天津各部队临时总指挥，刘家鸾为副指挥。三是对参战兵力作出部署，保安队第一中队攻取东车站（今天津站），由宁殿武指挥；手枪团、保安队第三中队及独立第二十六旅一个营攻击海光寺日本兵营，由祁光远指挥；独立第二十六旅及保安队第二中队攻击天津总站（今天津北站）和东局子日本飞机场，由李致远指挥；武装警察负责各战场交通指引和疏导；驻地离津较远的黄维纲旅作为总预备队。四是发动攻击的同时向全国发布抗日通电，电文称"日人日日运兵，处处挑衅"，"我方为国家民族图生存，当即分别应战，誓与津市共存亡，喋血抗日，义无反顾"。天津《益世报》7月29日发表了通电全文。

另据有关回忆，"七人会议"结束已经是27日夜10时。如果此说无误，那么这次会议在李文田家里整整开了12个小时。

天津大出击：平津陷落前最后一战

"七人会议"以后，有关人员按照部署迅速调集部队。据李惠兰介绍，7月28日各部队都进行了紧张备战。参战的士兵每人配备几张大饼,军用水壶灌满绿豆汤,做长期作战和转移准备;负责进攻东局子飞机场的部队,每人还配发了一小壶汽油和火柴等,计划烧毁日军飞机。

29日凌晨2时,中国军队在海光寺日本兵营、火车站、东局子机场以及市区日租界等处,同时向日寇发动攻击。这是北平和天津陷落前的最后一战,也是卢沟桥事变以来我军主动进攻的唯一战斗,因此抗战史家称之为"天津大出击"。

战斗开始后,李文田将总指挥部设在了西南哨门,与刘家鸾、李致远等随时听取战况报告。战事一开始进展顺利。到拂晓,我军攻进东局子机场,并烧毁了十几架日机;日租界的敌人被三面包围,日本侨民也被推上战场;海光寺日本兵营的日军龟缩在工事内等待援救;天津总站被中国军队占领,东车站日军被逼退到一个仓库中。

日本驻津总领事在给日本驻北平大使馆的电报中惊呼:"从二十九日午前二时左右起,由于中国方面的攻击,我方处于甚为危惧的状态。"下午2时半,数十架日机对东车站、天津总站、市政府、电话局和邮务总局以及南开大学等地施行狂轰滥炸,中国军队伤亡惨重,天津群众罹难者两千多人。

29日傍晚,日本大批援军从北平等地陆续开来。中国军队被迫撤出市区,转赴静海一带作战。7月30日,天津沦陷。

"天津大出击"作战中,涌现了许多可歌可泣的英雄事迹。独立第二十六旅朱春芳团第一营与保安队第二中队,负责攻占东局子飞机场。营长与两个排长跑在最前面,到达机场时,部队被甩到了后面。三人隐蔽在机场门口,用大刀将两个站岗日军砍死。接着机场内开出一辆小汽车,三人又开枪将车打坏。这时部队赶到,一齐冲进机场。因跑步出汗和天气潮湿，战士们带的火柴大多划不着，结果只有一架日军飞机被点燃。这时其他飞机要起飞，战士们急了，有的用刀乱砍，有的抓着飞机不放。飞机起飞后，跌伤了三四人。战士们此时不顾烫伤，用手撕下燃烧着的飞机碎片，到别的飞机上引火。

负责进攻公大七厂（今天津印染厂前身）的保安部队，在主力部队撤出后坚持战斗，一直到31日才撤离。有15名战士被包围无处躲藏，拉响手榴弹与日寇同归于尽；还有5名战士，占据厂内水塔坚持战斗，被俘后英勇就义，其中一名战士内衣中发现有共产党员标志。

李文田后人：如今生活平静安宁

李文田率部撤出天津后，一直转战在河北、河南、江苏、湖北等抗日前线。1937年10月，第三十八师升格为第五十九军，李任副军长。1946年7月，任第三绥靖区副司令官。1948年9月授陆军中将军衔。后因不愿打内战脱离军队，1949年3月任总统府参军。1951年在原籍逝世。

李文田有三个女儿，现在都过着平静安宁的生活。其二女儿李燕现居济南，近日她接受了记者的电话采访，并给记者寄来了有关材料。

据李燕介绍，她的母亲名叫荣智乘，1899年生。20世纪20年代前期毕业于天津直隶女子师范学校后，在北京香山慈幼院教书。

荣智乘的表兄是地下党,在表兄影响下,荣曾因参与散发传单等进步活动被捕入狱,后被保释。1927年前后与李文田结婚,1972年在济南去世。

李文田的长女李素现居上海,1928年12月生。1952年在上海第二医学院毕业,先后在上海广慈医院(后改称瑞金医院)、上海铁道医学院工作,退休前为同济大学教授、博士生导师,享受国务院特殊贡献津贴,出版有专著多部,为著名内分泌专家。

李文田之女李燕在天津

有一女一子。女儿、女婿已定居加拿大,外孙女现在多伦多银行供职,三人均为加拿大籍。儿子现为上海近视眼防治中心工程师,孙子上海大学毕业后就职于某航空研究所。

次女李燕,1931年7月生。1953年复旦大学新闻系毕业,分配到济南市从事高等中学教育工作,后为济南市第47中学高级教师,1985年退休。1993年至1997年为济南市槐荫区政协委员。李燕的丈夫姚耀曾,也是复旦大学毕业,1951年分配到山东省劳动厅工作直至退休。1996年曾获国家劳动部颁发的"为劳动事业作出贡献的同志"荣誉证书。姚耀曾和李燕有一子一女。儿子在三联集团公司就职,孙子正在山东教育学院上大学。女儿山东师范大学物理系毕业,现为济南市第九职专高级教师。

三女李玲,1941年10月生。高中毕业后参加工作,退休后自己办企业，现为济南市某私企总经理。有一女一子。女儿在私企工作，女婿为济南市公安局某派出所所长。儿子毕业于上海交通大学，现偕妻子移居加拿大多伦多市。

老房子：居住者的片段回忆

回忆起李文田将军在津旧居，曾随父母在这里居住过的李燕还有一些片段的记忆。

李燕说，她出生在北京，居住在东城区。约在1936年底，她与母亲随父亲驻防变化移居天津，住所就在意奥交界路。当时妹妹还没有出生，姐姐在北京上孔德小学，与外婆在一起，因此天津只有父母和她三个，此外就是保姆和佣人了。

李燕回忆说，在天津时她很寂寞，有一个"戴嬷姐"始终陪伴着她，给她的童年留下了很深的记忆。"嬷姐"满语是奶奶的意思，她是一位清廷御医的儿媳，与荣智乘的朋友有亲戚关系，因此被介绍到李家。这位"嬷姐"非常慈

居民孙耀津接受作者采访

祥，对幼年的李燕呵护有加。直到1938年春天，"戴娭姐"才因病离开李家。李燕说，分手时她与"戴娭姐"都恋恋不舍，此后她再也没有见过这位奶奶。

　　天津的家在李燕记忆中还有几个半圆形的阳台。李燕说那是她经常玩耍游戏的地方。她的儿童房里，有一台当时很稀罕的电影放映机，可是只有一部片子反复播放，画面也极其单调，就是一个女子在游泳。

　　李燕说，父亲有个不成文的规定，就是家里人不能过问他的工作。再加上年龄小，当时父亲的活动她多已淡漠。只是记得父亲总是很忙，十天半月不在家是很平常的事。父亲每次回来，都会抱过李燕，问问生活怎么样，做了什么游戏等。父亲偶尔还会带李燕去外面看戏。他从不通知戏园子留好位置，而是非常低调，每次都很晚才去，坐在加座上。这时父亲会把李燕放在膝上，看到剧中的热闹场面，李燕会高兴得手舞足蹈。父亲还曾带李燕参加过一些仪式，记忆中场面都挺宏大。

　　关于"天津大出击"前与父亲见的最后一面，李燕还有一些模糊记忆。她说，当时与父亲已好几天没见面了。一天父亲突然回家，用带紫罗兰花的白地床单包裹了一些衣服，然后就匆匆走了。那天她一觉醒来，发觉被放在地板上。大约是战斗即将打响，睡在地上更安全。

　　李文田撤出天津后，李燕与母亲以及此时已来津居住的姐姐为躲避日军抓捕，就装成病人，躲到法租界一所教会医院居住。李燕姨母在那所医院工作。医院在哪条街上，李燕已回忆不出来了，但医院对面是一所学校，在阳台上可看到学生踢球。1938年，李燕入慈惠小学读书。这是所教会学校，离住所不远，每天走着上学，拐个弯就到,一个小脚的"周妈"送她上学。这个小学李燕只上了两个月。

李燕说,在法租界居住时,为了安全,平时除了上学很少出门。这样一直住到1939年6月左右,她与母亲、姐姐才从天津乘船去香港,然后坐飞机到达重庆,又转湖北抗战前线与父亲见面。

今年79岁的孙耀津大爷,在李文田居住过的房子里生活了近半个世纪。孙大爷向记者介绍,他是1957年搬到这里居住的。当时房子右侧有个胡同,叫公安里。

关于李文田将军及其抗日故事,孙大爷知之不多。但对李文田寓所后来的一些情况,还有所了解。他说这处房子新中国成立前曾由华纱布公司作为货栈使用,天津解放前夕,主人跑到台湾去了,房屋交由一个叫杨瘸子的人代管,负责对外出租(当时俗称"二经",即二手经营)。1956年公私合营后该房成为公产。住户最多时,一幢小楼里挤了十几户人家,到现在还有6户。

孙大爷对记者说,他希望有关部门能对李文田故居进行整修保护,发挥其应有的教育作用。李惠兰教授也谈到,在今年纪念抗日战争胜利60周年的日子里,对李文田居住过的这所小洋楼进行挂牌保护,对研究天津抗战史有着特别的意义。

附:李文田故居

位于原意奥交界路,又称意奥南大街,故居在原奥租界内。1946年门牌号改为胜利路20号,今为北安道20号,然门牌已失。主楼为砖木结构,两层带地下室,后面另有一座两层附楼,约建于

20世纪20年代。主楼二层前脸,唐山大地震中倾塌,后经修复成现在的面貌。另外,主楼左侧原来还有一部分建筑,前些年因妨碍新的规划建设被拆除。决定实施"天津大出击"的"七人会议"即在此举行。另主楼右侧原有胡同一条,因李文田居所而得名公安里,该地名现已不存。

按:本文为"天津小洋楼的故事"第2篇,刊于2005年3月17日《今晚报》第34版"滨海·乡情"(《今晚滨海》专版第344期)。

吉鸿昌 字世五,1895年10月18日生于河南省扶沟县吕潭镇(今吕潭乡)共和村。1913年入冯玉祥部当兵,因屡立战功,从士兵递升至军长。因为人正直,不畏权势,人称"吉大胆"。1930年9月接受蒋介石收编,任第二十二路军总指挥,奉命"围剿"鄂豫皖革命根据地。他不愿替蒋打内战,态度消极,1931年8月被蒋解除兵权,强令出国"考察"。1932年4月,在北平加入中国共产党。1933年5月,与冯玉祥、方振武在张家口建立察哈尔民众抗日同盟军,任第二军军长,率部向察北日伪军进击,连克康保、宝昌、沽源、多伦四县,将日军驱出察境。蒋介石诬同盟军破坏国策,令何应钦指挥部队与日军夹击同盟军,吉鸿昌弹尽粮绝而失败,潜往天津继续从事抗日活动。1934年,参与组织中国人民反法西斯大同盟,被推为主任委员。11月9日,在天津法租界被军统特务暗杀受伤,遭法租界工部局逮捕,引渡到北平军分会。同年11月24日,被杀害于北平陆军监狱。

71年前的11月9日,在天津国民饭店38号房间,发生了一件震惊全国的案件——

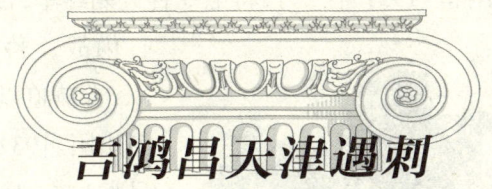

吉鸿昌天津遇刺

今花园路5号和平医院门口,每天都有三五结伴的游人徘徊流连。20世纪30年代,著名抗日爱国将领、共产党员吉鸿昌将军就住在这里从事革命活动。在今年纪念世界反法西斯战争和中国人民抗日战争胜利60周年的日子里,人们来这里凭吊革命先烈,更有了一层特殊的意义。

1933年到1934年,吉鸿昌以其花园路住宅为据点,进行了大量革命活动。著名的反法西斯大同盟机关刊物《民族战旗》等,就是在这里编辑印刷的。1934年11月,吉鸿昌在天津国民饭店遇刺被捕,成为轰动全国的重大新闻。关于吉鸿昌在津活动和被捕就义的记载非常之多,可惜其间说法多有矛盾甚至错误,为此记者近日专访了吉鸿昌烈士的女儿吉瑞芝。

蒋介石密令暗杀吉鸿昌

1930年中原大战后,原西北军吉鸿昌部为蒋介石收编,吉任二十二路军总指挥。1931年5月,蒋电令吉进剿红军,吉拿定主意不打内战,蒋下令撤其军职,吉被迫以考察军事为名出国。1932年2月吉鸿昌回国,4月加入中国共产党。

1933年,吉鸿昌联合冯玉祥、方振武等在张家口组成察哈尔抗日同盟军,任第二军军长。9月,在日伪军和国民党军夹击下,同盟军失败。11月,吉鸿昌回到天津。

中心公园吉鸿昌塑像

1934年1月,吉鸿昌与共产党人宣侠父秘密到上海,与上级党组织联系并接受任务。回津后他和南汉宸、宣侠父等制订计划,积极联络抗日力量,成立"中国人民反法西斯大同盟",创办《民族战旗》刊物,并秘密与杨虎城联系,积极筹资购买武器,进行反蒋抗日准备。蒋介石由此对吉鸿昌恨之入骨,必欲除之而后快。

1934年,陈恭澍任军统天津站站长。蒋介石通过戴笠,派陈负责刺杀吉鸿昌。陈受命后,决定由情报组组长王文具体执行刺杀任务。王文首先找到表兄吕一民,不久吕一民又发展日租界春日街

(今河南路)春荣里暗娼杨华庭(又名杨毓珊)、河北李公祠西恒丰货栈其堂侄吕问友作为助手。

吉鸿昌大难不死被捕入狱

吉鸿昌潜回天津后，一直住在花园路宅。因墙呈红色，故曰"红楼"。每至夜晚，"红楼"三层阁楼的灯光，就从窗帘缝隙透出。吕一民等与法租界工部局勾结，准备对吉采取行动。他们化装成小贩，白天在吉家附近察看行人，夜晚来回逡巡伺机下手。吉鸿昌很快有所察觉，于是以连襟林少文之名，将法租界国民饭店 38 号房间租下，继续开展革命活动。不久，吕问友等在国民饭店三楼发现吉鸿昌。

1934 年 11 月 9 日上午，吉鸿昌在房间里与任应岐、李干三及李宗仁派来的代表刘少南，边打牌边谈论反蒋抗日之事。陈恭澍亲自来到国民饭店后门，在汽车里指挥刺杀行动。王文及吕一民、吕问友、杨华庭先租下 38 号房间斜对面的 45 号房间。为搞清吉鸿昌的位置，杨华庭弄来一个小皮球，在楼道里佯做游戏。临近中午时分，饭店茶役小吴给吉鸿昌等送水，杨华庭瞅准小吴进屋空当，将皮球扔进房间，并借找球之名进房侦察。

据吉瑞芝回忆，当天上午吉鸿昌曾回家，将所余 1 万元钱全部取走，出门时穿了一件灰袍。在房间佯装打牌时，吉的座位靠近暖水汀(暖气)，于是他脱去袍子，只穿白裤。杨华庭退出屋后，在房门上画了一个白"十"字，标示吉鸿昌的位置。准备就绪后，突然 38 号房门大开，吕一民、吕问友向屋内开枪。恰巧打牌换庄，刘少南坐到了吉鸿昌的位置,因暖水汀太热,刘也脱去袍子只穿白褂。吕一民、吕问友对准杨华庭报告的位置开枪,刘少南当即身亡。跳弹伤及吉的右肩和任的脚面。此时吉扑上去踢掉二吕手枪,两人见势不妙,与王文等一起逃走。

因经常多给小费,茶房小吴对吉鸿昌印象极好。这时楼下正门已被法国工部局巡捕封锁。小吴一边拿毛巾给吉敷伤口,一边告诉吉厕所里有个保险梯,可直通楼下惠中里逃走。吉鸿昌说:"这里死了人,我不能走!"法国巡捕闻听枪声,遂冲上楼来将吉鸿昌逮捕。吉先被送进法国教堂医院(今天津妇产科医院)处理伤口,之后与任应岐、李干三一同被拘押于法国工部局巡捕房监狱(今解放北路36号市计量检定所院)。

吉瑞芝说,很多记载都把吉鸿昌遇刺的房间说成45号,其实那是特务租住的房间,吉所在房间应是38号。前几年房间装修,还在门框中取出过子弹头。记者在现场看到,当年的38号和45号房间,现分别被改成306号和305号。原38号房间的厕所经过改造,已看不出"保险梯"的痕迹。

11月16日,吉鸿昌和任应岐被引渡至天津蔡家花园国民党51军军法处拘留所,李干三被释放。据说当时51军军长于学忠还曾请吉鸿昌等喝酒,想从吉的口中套出一些情况。结果吉鸿昌宣讲一通抗日道理后,于等也被灌醉了。11月22日凌晨,吉鸿昌等被秘密转押至北平炮局子胡同陆军监狱(今北京市东城区公安局交通分局)。11月24日11时许,吉鸿昌被蒋介石密令枪决。行刑前,吉鸿昌从地上拾起一根木棍,在地上写下绝笔之作:"恨不抗日死,留作今日羞。国破尚如此,我何惜此头!"陪绑的连襟林少文暗中将诗记下,转告给吉的夫人胡红霞。

吉鸿昌在天津时的生活

1930年中原大战后,吉鸿昌来到天津。他花27万元,以"有余堂"名义买下法租界40号路一座楼房,即今花园路5号。1933年,察哈尔抗日同盟军失败,吉鸿昌返回天津就住在这里,进行秘密革命活动。吉鸿昌旧居是一座砖木结构的二层楼房,带地下室和阁楼,红砖清水墙。该楼建于1917年,由沙得利工程司设计。除吉鸿昌、胡红霞和吉瑞芝外,吉鸿昌三弟吉永昌的女儿吉德慈,胡红霞的姐姐胡云英、姐夫林少文、外甥女林玉生,还有勤务兵、警卫员、厨子等20多口人,都住在花园路"红楼"里。

花园路五号吉鸿昌旧居

"红楼"的地下室是大餐厅,吉鸿昌仍保持着在部队时的作风,每天与警卫员等一起吃饭,胡红霞、胡云英等则带着吉瑞芝一起吃。这些人每天要吃掉一袋洋面,一般正餐主食是馒头,菜是白菜炖肉。

吉瑞芝回忆说,很多时候吉鸿昌吃饭时也把她带到地下室,让她站在桌子上大胆讲话:"我是中国人,决不当亡国奴!""打倒小日本!"吉瑞芝说,她当时才两三岁,完全不懂这些话的意思,但因次数很多,至今印象深刻。为防止吉瑞芝吃饭打碎东西,吉鸿昌还给她准备了一只特别的搪瓷碗。

为适应地下工作需要,吉鸿昌将楼房进行了改造。二楼除吉鸿昌的卧室外,主要是客厅。客厅墙壁上悬挂吉亲笔所书集句对联:"松间明月长如此;身外浮云何足论。"吉鸿昌将客厅的三个门改成七个门,使楼内门门相通,间间相连,便于紧急时疏散。据吉瑞芝介绍,客厅里摆放着一个放掸子的大瓷瓶,高近1米。放掸子是掩人耳目,实际上这是与革命同志沟通的一种方式:有时事情谈到一半,突然遇到情况或来了不速之客,谈话者就偷偷写个纸条扔进瓷瓶内,与吉鸿昌约定下次见面的时间。三楼是个阁楼,为地下党秘密印刷室。楼下为接待地下党员的住房。院墙则爬满藤萝,使这座红楼显得十分别致。

吉鸿昌就义后,胡红霞把房子抵押给军阀周荫人,当了8万元钱。胡红霞花2万元为吉鸿昌料理后事后,原打算将钱补上赎回房屋。可是手中的钱越来越贬值,一家人生计都逐渐成问题,根本无法再将这个窟窿补上,房子遂成为死当,归了周荫人。周字樾恩,直隶武强人,1908年毕业于日本陆军士官学校。1923年随孙传芳入闽,任泉永镇守使等。1924年任福建军务帮办,1925年任福建军务督办。1926年被北伐军驱逐去职,寓居天津法租界。

吉鸿昌亲属的一些情况

吉鸿昌的夫人胡红霞,原名胡兰英。1905年出生,1927年与吉鸿昌结为伉俪后,由吉鸿昌给她改名红霞。1970年在天津病故。有二女一子。

吉鸿昌之女吉瑞芝

长女吉德明,1928年生,1931年夭折。吉鸿昌的父亲吉筠亭因长孙女夭亡伤心过度,同年也离开人世。

长子吉兰泰。1930年生,新中国成立后在天津当中学教师。

次女吉瑞芝,1932年生,现居天津。吉鸿昌给她取的名叫吉悌(家书中称她为"悌悌"),谱名吉德君。吉鸿昌就义后,吉瑞芝随母亲隐姓埋名躲避国民党特务的搜捕。吉瑞芝一度依附刘姓人家生活,与其子女一同上小学,并化名刘瑞芝。直到全面抗战爆发后,才恢复吉姓,但名字没有再改,便成了吉瑞芝。吉瑞芝新中国成立前就读于旅津浙江小学(今河北路小学)、南开中学,天津解放后进了女一中(今海河中学)。1952年考入天津师范学院(今天津外国语学院址),1954年毕业后留校任教。1969年,调天津市政协从事统战工作，2000年退休。

据吉瑞芝介绍，吉鸿昌被捕后，她与母亲一起在法租界巡捕房监狱被短暂拘押。花园路房子当出后，她随母亲曾搬到牛津别墅3号（今洛阳道与新华路交口庆云里）住过很短一段时间。有文章称吉鸿昌为躲避敌人监视，曾从红楼搬出在牛津别墅从事党的地下活动，纯属无稽之谈。事实上，吉鸿昌从未在牛津别墅居住过。

吉瑞芝回忆说，吉鸿昌行军打仗时，行囊里常带着文房四宝。居津以后，更是每天都要看书练字。吉鸿昌特别喜欢写隶书。另外，他还在楼下草地上特制了单双杠。因为吉鸿昌身高有1.96米，因此这单双杠也比普通的高出不少。吉鸿昌每天抽空在这里锻炼身体，这时年幼的吉瑞芝就站在旁边看，并不断拍手叫喊，给父亲鼓劲加油。

刺杀吉鸿昌的特务之下场

市档案馆的周利成先生，曾根据档案提供的线索，追踪研究过参与刺杀吉鸿昌的几名特务，他向记者介绍了这些人的结局。

行刺后的当天晚上，陈恭澍即带领王文等人，乘车到了北平，向军统特务头子郑介民作汇报。陈恭澍受到南京国民政府通令嘉奖，他唯恐遭到社会舆论谴责，隐居于北平西单舍饭寺花园饭店暂避风声。

吕一民受到军统局局长戴笠的信赖，1935年被提升为军统局直属天津情报组组长，到处搜集情报，陷害革命志士。天津解放后镇压反革命运动中，匿居津门的吕一民、吕问友拒不登记，并隐瞒特务身份，继续造谣惑众。后经人检举揭发，两人才被我公安人员捕获，解送天津军事管制委员会军法处审理。他们对刺杀吉鸿昌将军的事实供认不讳。1951年3月31日，天津市人民法院依据《中华人民共和国惩治反革命条例》第七条第三项及第十七条的规定，判处吕一民、吕问友死刑。其全部财产除酌留家属生活费外，均予没收。吕一民伏法照片及有关档案，目前还保存在天津市档案馆和天津市高级人民法院档案馆里。

王文因刺杀有功，被国民党政府提升为军统局天津站站长。1939年，升为军统局华北区区长；同年7月，该特务组织被日本宪兵队破坏，王文被日特打死。陈恭澍此次幸免一死，逃往重庆，任军统局第三处处长，后又升为军统上海区区长。1941年被日伪特工队逮捕，叛蒋投敌。

按：本文为"天津小洋楼的故事"第13篇，刊于2005年8月1日《今晚报》第30版"滨海·乡情"(《今晚滨海》专版第440期)。

张自忠 字荩忱，山东省临清县人。1890 年 8 月 11 日生。1911 年在天津法政学校求学时秘密加入同盟会。1914 年投笔从戎。1917 年入冯玉祥部，历任营长、团长、旅长、师长等职。1930 年中原大战后，所部被蒋介石收编。1931 年后，曾任第二十九军第三十八师师长、第五十九军军长、第三十三集团军总司令兼第五战区右翼兵团司令等职。1938 年 3 月，率部与日军在山东临沂、滕县激战，收复蒙阴、莒县等地，挫败了日军增援台儿庄的企图。1940 年 5 月，率部在鄂北抗击日军，率部截敌后路并阻敌西进，彻底粉碎了日军进攻襄樊、威胁老河口的战略，使整个战局转危为安。5 月 16 日不幸壮烈殉国。

随着抗日战争胜利60周年纪念日临近，
一位曾在天津当过市长、最终为国捐躯的著名
爱国将领再次引起人们的关注——

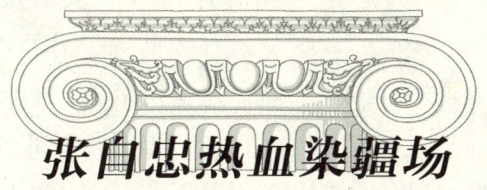

张自忠热血染疆场

随着抗日战争胜利60周年纪念日的临近，一位曾在天津当过市长、最终为国捐躯的著名爱国将领再次引起天津人的关注，他就是张自忠。

当市长寓居伦敦道

1936年6月18日，二十九军（军长宋哲元）三十八师师长张自忠兼任天津市长，所部一一四旅二二八团在团长祁光远率领下开到天津，驻防韩家墅军营（今属北辰区）。

这时天津抗日救亡运动不断高涨，张自忠积极备战。他首先对天津高二以上的学生进行暑期军训，派韩家墅军营部分官兵到法

1937年天津市长张自忠批复华北防盲医院开业档案

政学院训练学生,其中南开大学、北洋大学、天津工商学院就有五六百人受训。

同年11月14日,张自忠在河北体育场检阅全市保安队。参加检阅的有22个保安队及马队、手枪队、技术队等,另外还有铁甲车8辆。接受检阅者总计约1500人。

张自忠的名字虽然为天津人所熟知,但关于张自忠在天津活动的详细记载并不多。尹华先生2002年曾在《今晚报》撰文介绍张自忠在天津的善政。

张自忠来津后,针对经济萧条低落、饥民饿死路边等情况,组织"工赈所",将有劳动能力的失业者、乞丐、游民等收容起来,参加修路架桥、挖沟、筑渠等劳动。这既解除了贫民的饥寒之苦,又改善了社会治安,也有益于市政建设等。

没有劳动能力的贫民,分别组成妇女、孤儿、残废、养老、育婴、文贫六个救济所,教养兼施。穷苦但尚不至入救济院者,由慈善机构负责接济衣食。

为革除贪官污吏借慈善自肥之弊,张自忠建立了"三权分立"的救济体制:成立市救济院,作为救济事业的执行机关;成立救济事业监理委员会,作为监察机关;成立救济专款保管委员会,作为收支机关。三个机关互不隶属,确保救济工作中的廉洁和效率。

张自忠救济贫民的措施受到各界称赞,感动了京剧大师梅兰芳、程砚秋、尚小云、荀慧生等,他们纷纷义演募捐。1936年9月19日,中国大戏院举行揭幕盛典时,张自忠亲自参加。为此,正戏演出

成都道60号张自忠旧居

之前,马连良特地加唱了吉祥戏《大赐福》。

张自忠带头要政府官员节约开支,兴办公益事业。天津工商界也集资支持,开办了"庇寒所",并筹资六万多元用于赈济。天津赛马会也加赛四天,将万元收入捐给救济院。

张自忠的一系列施政措施收到良好效果。据当年冬天的《大公报》报道:"本市路倒现象,以往冬季不计其数,今年因当局扩大办理救济事业,且一度搜捕乞丐(办乞丐收养所),故路宿者减少,路倒者亦少发现。"

张自忠在津期间,天津市政府办公地点在原清朝的直隶总督署,即今三岔河口附近。1937年7月29日,这里及天津其他军政要地,遭到日军飞机轰炸,成为废墟。新中国成立后,被改为金钢公园和天津市第二医院。

1937年5月,张自忠离开天津,赴北平与日军谈判,市长职务由三十八师副师长李文田暂代。"七七"事变爆发后,宋哲元撤至保定,令张自忠代理冀察政务委员会委员长兼北平市长,留平与敌周旋。日军要求张自忠通电反蒋,被张拒绝。日本人此后不再与张自忠对等谈判,见势不可挽,张便称病躲进德国医院,后来化装成司机助手,乘美国人的汽车逃到天津。接着又乘英国轮船去烟台,再经济南到达南京。

张自忠在津旧宅位于英租界伦敦道(今成都道60号)。旧居为二层砖混结构楼房,外檐中部由方柱支撑,形成上下两层内廊。首层两翼外凸,呈多边形,上筑平台。后有两层附楼一座,有过桥与主楼相通。

据知情人士讲,天津解放前夕曾任市长的杜建时,也在这里居住过。因此这里很可能是当时天津市政府的"官宅"。新中国成立后市民政局曾长期在该楼办公,去年起由天津城市基础设施建设投资集团有限公司使用。

战日寇殉国南瓜店

1937年11月,张自忠回到原部队。此时三十八师已扩编为第五十九军,张任军长。1938年10月,张自忠升任第三十三集团军总司令,不久兼任第五战区右翼兵团司令。

1939年5月,日寇以10万之众分两路进犯鄂北的随县、枣阳地区。张自忠一面命正面部队死守,一面派两个师迂回到敌后,两面夹击日军。他还亲率两个团渡过襄河向敌猛攻,粉碎了日军围歼第三十三集团军的企图。随后第五战区左右兵团全线反攻,一举收复枣阳、桐柏等地,史称"鄂北大捷"。

1940年4月,日军集中30万兵力再次向鄂北的随县、枣阳地区进犯。当时第三十三集团军只有七十四师的两个团驻守襄河西岸。张自忠作为有中将军衔的集团军总司令,本可不必亲率部队出击作战,但他不顾劝阻,坚持由副总司令冯治安留守襄河西岸,自己亲率仅剩的两个团加总司令部直属特务营渡河作战。

5月1日,张自忠亲笔谕告所部各将领:"为国家民族死之决心,海不清,石不烂,决不半点改变。"6日,张自忠又给副总司令冯治安留下遗嘱,表示了以死报国的决心:"因为战区全面战事之关系,及本身之责任,均须过河与敌一拼……无论作好作坏,一定求良心得到安慰,以后公私均得请我弟负责。由现在起,以后或暂别,或永离,不得而知。"

7日,张自忠率部队东渡襄河。14日,在方家集将日军第十三师团拦腰斩断。日军以优势兵力对张部实施包围,张自忠指挥部队奋勇冲杀,日军伤亡惨重。不久日军听说这是张自忠亲率的部队,当即大量增兵。

15日,日军万余人分南北两路向张部夹攻。激战至16日拂晓,张自忠被迫退入南瓜店十里长山。下午2时,张自忠手下只剩下数百官兵。他将卫队悉数调去前方增援,身边只剩下高级参谋张敬和副官马孝堂等8人。他掏出笔向战区司令部写下最后近百字的报告,交给马孝堂说:"我力战而死,自问对国家对民族可告无愧,你们应当努力杀敌,不能辜负我的志向。"稍后,张自忠腰部被机枪子弹击中,随后又身中五弹。为了不让日军俘获,张自忠举枪自戕,一代名将壮烈殉国。

抗战时期,在沦陷区流传着一种手抄本的《抗日三字经》,歌颂了许多抵御外辱的民族英雄,据说即出自张自忠之手。

悼名将举国含悲痛

张自忠战死的消息震动了国人。蒋介石下令不惜任何代价夺回张自忠遗骸。继任第五十九军军长的黄维纲,率三十八师于16日夜奔至南瓜店,与敌激战两昼夜,付出了两百多人伤亡的代价,终于在方家集寻得英烈坟墓,开棺将忠骸起出,重殓后运往重庆。

张自忠的灵柩先由陆路运至宜昌,停灵东山寺,民众前来祭悼者数万人。5月28日,张自忠的遗体运至重庆,国民政府举行了隆重国葬。灵柩穿越重庆全城,在北碚双柏树小山落土安葬,不久追晋张自忠为陆军上将。冯玉祥把这座小山更名为"梅花山",并为老部下题写了"张上将自忠弟千古""荩忱不死"的题词。

重庆成千上万的人哭拜英灵,为其送葬。他的部下悲愤地唱着复仇之歌:"海可枯,石可烂,死也忘不了南瓜店!"表示要坚决为张自忠将军报仇。1941年5月,五十九军终于在当阳地区将围攻张自忠的日酋横山武彦击毙。

1940年8月15日,革命圣地延安举行了千余人参加的张自忠将军追悼大会,毛泽东、周恩来、朱德分别为其题词"尽忠报国""为国捐躯""取义成仁"。

1982年4月16日,中华人民共和国民政部追认张自忠为革命烈士。张自忠烈士墓还被扩建为张自忠烈士陵园,1986年10月被民政部批准为第一批全国重点烈士纪念建筑物保护单位。1995年

5月16日，张自忠纪念馆在湖北省荆门市龙泉公园落成。

"自忠县"与"张自忠路"

为纪念张自忠，湖北省宜城县一度改名"自忠县"。1941年5月在南瓜店张自忠殉国的山头建造了"张上将自忠殉国处"纪念碑，山下修建了两千战死十里长山的官兵公墓。

抗战胜利后，北平、天津、上海、济南、武汉、徐州等城市，都以张自忠的名字命名了一条街道。目前，至少北京、武汉和天津的"张自忠路"仍然保留着。

1946年6月，冯玉祥提议，在北平选择三条道路或者三个城门，以张自忠、佟麟阁、赵登禹三位英烈的名字命名。

11月25日，北平市长何思源签发《训令》，将北平南河沿改称佟麟阁路，北河沿改称赵登禹路，铁狮子胡同改称张自忠路。铁狮子胡同西起地安门东大街，东至东四十条路口，因明崇祯田贵妃之父田畹曾居此巷，门前有两尊铁狮子而得名。这条路上最知名的院落是"段祺瑞临时执政府"，即发生"三·一八"惨案的地方。北平沦陷期间，这里又成为日本"华北驻屯军司令部"。将张自忠路命名在铁狮子胡同，就是表示中国军人最

天津张自忠路及路旁的宏伟建筑

终战胜了日本侵略军。

张自忠路 1965 年改称地安门东大街，1984 年复称张自忠路。1999 年拓宽道路，成为平安大街的一部分。

天津的张自忠路位于海河西岸，西北起荣吉大街，东南至营口道接台儿庄路。这里清乾隆四年（1739）由官商捐资，利用东门外海河西岸至大沽口的河堤修筑土路。

1883 年由津海关道工程总局抽取码头捐，将督院旁浮桥（今金钢桥址）至紫竹林一段修成碎石路。

1860 年，锦州道以东段划入法租界，分两段命名：锦州道至解放北路段名柏公使河坝，解放北路至营口道段名大法国河坝。1905 年，锦州道以西段划入日租界，1902 年建成沥青路面，名山口街。1946 年，南京国民政府统一以张自忠路命名。1975 年曾改称海河西路，1986 年恢复张自忠路之名。

清末民初时，张自忠路在金钢桥一带形成有名的"鱼市"，沿街买卖多为鱼铺、鱼行、鱼栈及鱼篓店等。

目前，天津正在进行海河两岸综合开发，相信不久，张自忠路将以崭新的面貌呈现在天津人面前。

武汉张自忠路是一条由中山大道通往江边的小路，原为汉口日租界内之成忠路。

附：新史料披露牺牲细节与传统说法不尽相同

据新华社报道，前不久湖北省宜昌市档案馆整理出一本《231 联队史》，其作者是侵华日军华中派遣军第 11 军团 39 师团 231 联队联队长尾浦银次郎(日本投降任宜昌警备司令官、陆军少将,后被远东国际法庭判处无期徒刑)。

书中记载了张自忠战死疆场的悲壮细节,与以往史料不尽相同。记载说:"第四分队的藤冈一等兵,是冲锋队伍中的一把尖刀,他端着刺刀向敌最高指挥官模样的大身材军官冲去,此人从血泊中猛然站起,眼睛死死盯住藤冈。当冲到距这个大身材军官只有不到三米的距离时,藤冈一等兵从他射来的眼光中,感到有一种说不出的威严,竟不由自主地愣在原地。这时背后响起了枪声,第三中队长堂野军曹射出了一颗子弹,命中了这个军官的头部。他的脸上微微出现了难受的表情。与此同时,藤冈一等兵像是被枪声惊醒,也狠起心来,倾全身之力,举起刺刀,向高大的身躯深深扎去。在这一刺之下,这个高大的身躯再也支持不住,像山体倒塌似的,轰然倒地。"

《231联队史》还记录了张自忠牺牲时着的是便服,荷包里揣着"国民政府"颁发的伤残证。日军通过遗物,最终认定尸体是张自忠。

按:本文为"天津小洋楼的故事"第14篇,刊于2005年8月8日《今晚报》第34版"滨海·乡情"(《今晚滨海》专版第445期)。

张作相 字辅臣，一作辅忱。1881年2月9日生于盛京义州（今辽宁义县）杂木林子村。绿林出身，1903年与结拜兄弟张作霖等受清政府招安，任奉天巡防队第一营管带等职。1911年，东北讲武堂毕业。1915年后，历任陆军第二十七师炮兵团团长、旅长、代理师长。1919年任东三省巡阅使署总参谋长。1924年起为吉林督军并几次出任吉林省省长，其间曾创办吉林大学，修筑吉海铁路，创办自来水厂等。1927年任奉系"安国军"第五军团长。1928年"东北易帜"后，改任吉林省政府主席，又兼任东北边防军副司令官等。1931年"九一八"事变后，任国民政府军事委员会北平分会委员及中央政治会议委员、华北第二集团军总司令兼第六军团总指挥。1933年辞职到津寓居。抗战胜利后任东北行辕政治委员会委员等。1949年5月7日在天津病逝。

> 在天津寓所里,他面对日伪当局的威逼利诱,严词拒绝出任任何伪职,保全了晚节——

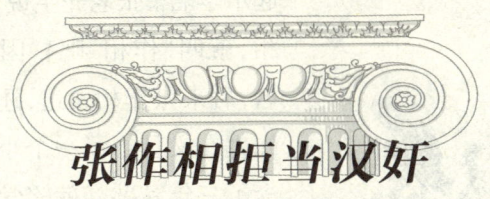

张作相拒当汉奸

民国时期曾任吉林省政府主席的张作相晚年寓居天津。在天津寓所里,他面对日伪当局的一次次威逼利诱,严词拒绝出任任何伪职,从而保全了晚节。

退出政界来津

张作相祖籍河北省深县花盆镇,先辈世代务农。清乾隆五十七年(1792),深县一带大旱,颗粒无收,张作相五世祖张德禄兄弟闯关东谋生,落户在锦州义县。到张作相父亲张永安时,单纯务农已难以为生,张永安遂又当起"吹鼓手",遇有婚丧嫁娶,赚点小钱补贴家用。张永安有两个儿子,长子作相,次子作涛。

张作相本名福臣。父母认为当官的都是读书人,只有念书才能改换门庭,因此省吃俭用要供儿子念书。张作相9岁那年,父母把本村学馆的张老先生请到家,让他给儿子起个学名。张老先生说,官莫大于宰相,就叫"作相"吧!因为起了个好名,后来张作相发达,还曾举荐张老先生在义县当了一个小官。张作相念了三年私塾,就辍学帮父母干农活。后来又学习泥瓦匠手艺,成为当地盖房的青年能手。

1900年,沙俄侵占我东三省,地方陷于无政府状态,土匪四起,百姓遭殃。张作相与张作霖、汤玉麟等一起,在奉天北镇桑林子一带成立地方保险队,推张作霖为首,由乡民筹饷练勇,保境安民。当时各地保险队经常互相吞并,一次张作霖被困山麓,张作相只身冲入枪林弹雨将其救出,并不同宗的"两张"因此结下患难之交。随着张作霖的发迹,张作相也平步青云。

张作霖据有东三省后,委张作相为东三省巡阅副使,张作相以位

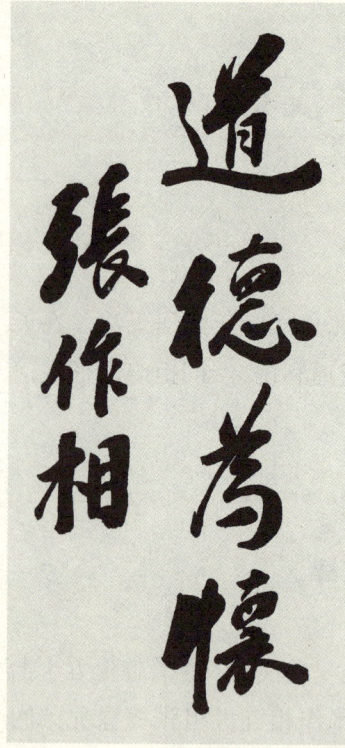

张作相遗墨

高坚决不受,后委为东三省巡阅使署及奉天督军署总参议,核阅两署文牍,位在总参谋长以上,在奉系中成为仅次于张作霖的"二号人物"。1928 年 6 月,张作霖被炸身死后,张作相支持张学良任东三省保安总司令,稳定了政局。

1931 年"九一八"事变时,张作相正在锦州为父亲发丧。他草草将父亲葬毕,就入关找张学良商讨对策。1933 年,张作相在热河组织抗战,旋因热河省主席汤玉麟弃地逃跑,张作相被迫回到北平,不久即宣布辞去一切职务,退出军政界,到天津寓居。

居津生活俭朴

据张作相第九子张廷信介绍,1931 年 10 月,张作相的家属化装后由吉林市转道锦州赴北平,不久即转来天津安置。张作相初到天津时,借住在法租界三十二号路(今赤峰道 101 号)的一所宅子里。宅子的主人,可能是张作相在东北时的部下或朋友。

记者看到,这里是一座主体两层局部三层的西式楼房,门口已经被临建的底商挡住,不是知情者指引,行人一般很难注意到它的存在。楼里现在成了大杂院,据居民介绍,天津解放前后,说相声的"常氏"族人曾在这里居住。后来,这儿成了废品站,再后来废品站迁走,才陆续搬进很多户居民。

张廷信说,张作相在赤峰道住的时间不太长,约一年光景。之后他就在英租界剑桥道(今重庆道 4 号)购得一处西洋集仿式楼房。1933 年 3 月 8 日,张作相辞职来津后多数时间即居此,直到去世。楼房三层带半地下室,是法国建筑师 1913 年设计建造的,砖木

重庆道4号张作相旧居

赤峰道一〇一号张作相居所

结构，红筒瓦，坡屋顶，现为中国东方资产管理公司天津办事处使用。

张廷信回忆说，张作相居津期间，要养活全家数十口人，经济上压力很大。再加上其出身农民，生活上养成了简朴的习惯。张作相很少接触烟酒，不爱听戏，其他娱乐也几乎没有，最大嗜好就是每天起早，在庭院花坛施肥、浇水。每天侍弄花草占去他大部分时间。当时重庆道寓所的花园中有很多植物，如海棠、葡萄、枣树等。走进大院门，左侧有一棵直径一尺多的白杨树，张廷信说这树还是当年的样子，只是变粗了些。

张作相特别喜欢吃东北的大黄酱，因此在院中弄了好几口大缸，专门下酱用。家中买煤、买粮、买菜之类的活，他多自己去做，因此附近肉铺、菜床子和粮店，都认识这位省长大人。据说有一次他买了500斤苞米子，竟然还亲自过秤。其子张廷录，娶的是"庆王"载振的孙女，过门后嫌张家饭菜粗劣，常回娘家一住数月。

张廷信回忆说，1949年张作相去世前，没有任何征兆。当时他身体还好，就是当天早晨去厕所，出来后人就不行了。张廷信那天已经去上学，是家里人把他叫回家中的。

张廷信还带记者去看了张作相在津的两处房产。当时张作相已成家的子女及其弟张作涛的两个儿子，就住在这些地方。

一处在今澳门路10号至22号，其中14号原来是汽车库，10号和12号、16号和18号、20号和22号，是三处六座连体楼房。现在，20号和22号是普通民居，其他两处由市烟草专卖局办公用。

另一处在今成都道与湖南路交口处，现门牌号为成都道37号和湖南路2号至14号。成都道37号和湖南路2号、4号现为普通民居，其中成都道37号，新中国成立前张学良的副官长兼一〇五师副师长谭海曾借住过。湖南路6号、8号、12号、14号是一座两层奥式风格建筑,6号现为餐馆,8号为一家房地产经济中心,12号和14号为民居。10号原来也是一座奥式建筑,结构与前一座相仿,但是有三层,该楼唐山地震后拆除,重建为新式钢筋水泥楼房,现为天津市机械工业物资总公司。

拒绝出任伪职

鉴于张作相在东北的威望,日本侵略者一直想让张出任伪职。在今重庆道寓居期间,张作相多次严词拒绝敌伪的威逼利诱。

"九一八"事变后不久,吉林道尹蔡运升即受日本人委派来津,请张作相回东三省主政,并派轮船前来迎接,张坚拒不去。

1933年日本侵占华北后,积极物色代理人,指使伪满洲国国务总理张景惠联络张作相。张景惠与张作相有"金兰之好",认为很有把握,即派伪满财务次长洪维国和日本人风旗顾问、本乡大佐来津,邀张作相主持华北政务,张称年老体弱,不能胜任,让张景惠碰了个软钉子。

在敌伪屡拟利用张作相的同时,南京国民政府深为疑惧,恐张氏附逆,影响巨大,乃派蒋伯诚来见张作相,窥伺动向。张作相表示绝不附逆叛国。

约1942年,汉奸洪维国又来津,请张作相担任华北防共委员会主任委员,遭张严词拒绝。其后,洪又同伪满实业厅长孙抚宸来津,游说张与日本人合作反蒋等,纠缠多次无效后,洪遂冒用张作相名义,领衔东北军各将领通电倒蒋。蒋介石阅电大怒,命令何应钦将张作相就地处死。幸亏何为人稳健，电嘱河北省主席于学忠密查，才弄清真相，使张作相免去一次杀身之祸。

约1943年，日本侵华最高指挥官冈村宁次，暗示伪华北政权傀儡王揖唐在北平演戏设宴，柬请各在野要人赴宴，想借机拉人下水。伪天津市长温世珍曾多次奉命面邀张作相，张坚辞不去，说："相隔二百四十里请客，难道准得去吗？等他宪兵来传吧，我的臭皮囊早已置之度外了！"最后由在北平的旧部下宋寿山持名片托病谢绝。

1945年日本投降后，蒋介石对张作相拒当汉奸的做法十分赞赏，给了他一个东北行营政治委员会委员的空衔，张赴东北就任。1948年锦州解放，张被解放军俘虏。解放军对张非常礼遇，派人护送回津，直到天津解放后不久病逝。

子女散居各地

张作相除原配夫人赵静宣，还有6位姨太太。她们为张作相生有9个儿子和11个女儿。9个儿子分别是：廷兰、廷枢、廷范（一作廷藩）、廷录、廷声、廷馀、廷镇、廷诚、廷信。张作相在世时，廷兰、廷枢、廷范、廷录等均已成家，分别居住在今澳门路和湖南路等处。没有成家的廷声、廷馀、廷镇、廷诚、廷信等，则随张作相在今重庆道居住。目前除廷声、廷馀、廷镇、廷信外，其他几个儿子均已去世。张廷声和张廷馀现居北京，张廷镇现居济南，张廷信现居天津。

张作相的诸子中，最有作为的是次子张廷枢。他原名柏庭，字蔚久，1903年生于义州杂木林子村老家。1912年进东北讲武学堂，

2005年6月9日采访张作相之子张廷信时留影

与张学良同学。1923年,任上校团长,被选送到日本千叶县步兵专门学校学习。1925年回国,先后晋升为少将旅长、中将师长和预备军军长。1928年"东北易帜"后,任改编十二旅旅长,辽宁省第三区剿匪司令,驻防锦州。1931年底,调防北平南苑。1932年,晋升为一一二师师长。1933年3月,率部在长城要塞古北口抗战。战后移驻宣化,与冯玉祥组织的抗日同盟军建立联系,坚决主张抗日。1935年秋,被调往陕西进攻共产党。张反对打内战,于当年12月辞职回津。其寓所在今澳门路10号。

1937年抗日战争全面爆发后,张廷枢认为报效国家的时候到了,他于8月来到太原,在周恩来同志直接指导下,得到八路军太原办事处支持,召集东北军的旧部,将部队拉到晋东南八路军总部,被授予八路军第一游击纵队番号,张廷枢任司令员。1938年秋,去延安抗大学习,年底留在抗大当教员。1940年,他肝病发作,经组织同意去香港治病。1941年底,与张学良的胞弟张学铭一起由港返津。

1945年抗战胜利后,张廷枢搬到北平继续养病。期间蒋介石委任他为东北行营中将高参,但他对蒋扣押张学良愤愤不平,拒绝上任。1949年北平解放后,周恩来曾派人专门探视张廷枢的病情。1949年7月23日,即张作相去世不久,张廷枢也在北平病逝。

接受记者采访的张廷信,是张作相最小的儿子。他1934年11月生于天津,新中国成立前一直住在重庆道父亲身边。他先后就读于中合小学、达文中学(今天津市第27中学)。1957年初中毕业后,一直从事建筑工程工作,1991年在天津市第七建筑工程公司退休。

按:本文为"天津小洋楼的故事"第10篇,刊于2005年6月13日《今晚报》第30版"滨海·乡情"(《今晚滨海》专版第405期)。

陈一甫 名惟壬,以字行,号恕斋居士。祖籍安徽石埭县(今石台县)广阳乡。清同治八年(1869)正月二十四日生。清代以父荫官直隶,花翎三品顶戴。为江苏候补道,农工商部议员。曾长期随周学熙襄办实业,任北洋海防诸职,后入东海关监督幕,又为北洋电报学堂总稽查、开平矿务局驻沪员、北洋银元局提调等。1906年,任北洋劝业铁厂坐办。1912年任启新洋灰公司总事务所经理,后改驻津办事处坐办。1924年,任开滦矿务管理局正主任董事。1927年至1932年,任启新洋灰公司协理;1932年1月,任公司总经理,转年退职。1935年4月由津赴沪,经香港游历欧美14国。1948年12月底卒于天津。

陈范有 名汝良,以字行。陈一甫长子。光绪二十四年(1898)三月十四日生于天津。1912年入南开中学,1917年入北洋大学土木工程系。1925年,任启新洋灰公司工程部土木工程师。1933年至1945年,任公司协理。1933年受公司委派南下,在南京主持创建江南水泥厂。1945年抗战胜利后,组建江南水泥总公司,任常务董事兼总经理。1950年9月,水泥厂正式点火生产,所制水泥被苏联专家誉为"东方水泥之冠"。在天津时,还担任过滦州矿务公司董事、副主任董事,开滦矿务局议董等职。新中国成立后,被推选为全国水泥工业同行业联合会主任委员。1952年3月31日逝世于上海。

寓居津门的陈一甫、陈范有父子先后在有着"中国水泥工业摇篮"称号的启新洋灰公司任职，为中国水泥工业发展作出了突出贡献——

"洋灰陈"津门办实业

提起"洋灰陈"，老天津人马上就会想到陈一甫、陈范有父子。从 1907 年起，寓居津门的陈氏父子先后在有着"中国水泥工业摇篮"称号的启新洋灰公司任职，为中国水泥工业发展作出了突出贡献。"洋灰陈"在天津的旧居，现在至少还保留两处，记者近日进行了实地考察，并采访了"洋灰陈"的后人。

陈一甫开创了"洋灰陈"事业

陈一甫是"洋灰陈"事业的开拓者。他能走到这一步，应该说与其父亲陈序宾和兄长陈惟彦密不可分。

陈序宾，名簧举。诸生。清咸丰初年随理学名儒陈虎臣至祁门，为曾国藩所赏识,委任为建昌盐厘。李鸿章组建淮军时,曾国藩以陈序宾为辅佐,主理粮饷后勤。李鸿章任直隶总督后,陈序宾追随其来到天津。

据《清史稿》记载,陈序宾为李鸿章总理军糈垂二十年,而家中"未增一椽",深为将吏服膺。最后因积劳病卒。陈序宾死后,其子陈惟彦亦见重于李鸿章,命继续司军计,后任知府、道员,委办两淮盐务。

因父兄政声卓著,陈一甫也逐渐为李鸿章所知。李鸿章创办海军修建船坞,需要大量水泥,外商奇货可居,索以重价。1889年,李鸿章创办唐山细棉土厂(即启新洋灰厂前身),后被英商占有。后在周学熙倡议、陈一甫赞襄下,细棉土厂始行收回。

陈一甫追随周学熙筹办各类实业,逐渐成为周所倚重的重要人物之一。1903年,周学熙赴日本考察工商业。1905年,陈一甫也到了日本。他"昼则参观探讨,夜则详密记录,于机器制造之法,尤所深究"。1906年,北洋劝业铁厂开办,由北洋银元局划出,陈一甫被周学熙委任为坐办,成为陈在实业界崭露头角的开始。

1906年细棉土厂收回后,因原本亏折净尽,急需大量资金,陈一甫遂"募商款,增机械,制品日益精美,行销远于南洋"。1907年周学熙将细棉土厂改组为启新洋灰公司,陈一甫成为该公司最早的三位董事之一。

据幼子陈达有回忆,陈一甫是个严肃而和蔼的人。他生活极有规律,每天很早起身,先打坐练功,早餐后外出散步。年纪较小的儿孙辈,傍晚要到陈一甫房间里唱歌谣。陈一甫生活简朴,以素食为主,常吃棒子面,因此被亲友戏称为"棒子面陈"。据说20世纪30年代从欧美回来开始注意营养,但中午正餐也只是两片黑面包,抹上黄油或果酱,再加一只苹果。更甚者,陈一甫每天晚上八点半就要亲自拉总电闸,逼全家早睡早起。

最惊险也有趣的是,一次陈一甫散步时,被几个打劫者围住,问他"是不是陈一甫",他指着腿上打了补丁的套裤说"不是",于是打劫者将他放过了。

陈范有与水泥的不解之缘

陈一甫长子陈范有,1922年6月北洋大学毕业后,奉父命回到家乡,主持修建了当时跨度罕见的公路大桥——永济桥。1925年春大桥建成后,陈范有回到天津,任启新洋灰公司工程部土木工程师,承修塘沽于家堡水泥海运专用码头。

20世纪30年代初,启新洋灰公司的"马牌"水泥在市场竞争中受挫,急需改进质量,降低成本。陈范有力排众议,辞退不学无术的丹麦技师金森,邀请其北洋大学校友、刚从德国留学归来的年轻水泥专家王涛出任总技师,大胆改革了水泥配方,使"马牌"水泥稳固地占领了东南亚市场,并在美国芝加哥的博览会上获得大奖。

担任公司协理后,陈范有亲自主持了水泥厂八号窑的扩建。陈范有不照抄书本上的现成数据,而是根据实际,亲自进行核算。同时为节约成本,建设过程中大胆革新,用钢砖砌筑成模板代替木材。建成后的八号窑,是当时国内最大、最先进、产量最高的窑。经过1976年唐山大地震的考验,该窑至今仍在安全运转,成为现在启新洋灰厂最老的一座窑。

1933年,陈范有受公司董事会的派遣,到南京筹建江南水泥厂。从勘测、选址,直到购买土地、订购设备、规划布局、土建施工等,陈范有都亲自参与筹划。1937年10月新厂竣工,11月4日试机生产。

不久南京沦陷,工厂宣布停产。日本侵略军屡次诱逼陈范有开工,都被他一口回绝。陈范有打算将工厂的机器运到后方,但因日本人的阻挠没能实现,于是将机器主要部件拆下沉入江底。日本人恼羞成怒,于1943年12月将工厂机器强行拆光,运到山东张店(今淄博)改建为铝厂。

江南水泥厂设备是从德国和丹麦进口的。南京沦陷时,两国有关技术人员等正在厂内。在陈范有等的协调下,水泥厂挂起德国和丹麦国旗,掩护救助了3万多名无辜难民,使他们免遭日军的屠刀。

在天津期间,陈范有曾主持设计建造今天津五大道及其附近地区的多所住宅。除今成都道"洋灰陈"旧居外,还包括重庆道的三益里和沙市道的四维里等。三益里共有两层、三层住宅楼43幢,位于重庆道、义生里、河北路、新华路之间,现在仍保存完好,名称也一直沿用至今。

四维里在沙市道西段南侧,1938年由陈范有置地并设计,委托久安信托公司建起28套砖木结构平房,取"礼义廉耻,国之四维"句命名。该处1988年拆除,建起砖混结构六层楼房,名为四达里。陈氏的这些房产,新中国成立后绝大部分无偿捐献给了国家。

据陈范有的次子陈克宽介绍,父亲在天津居住时,一心扑在水泥事业上,业余爱好不多。他的最大兴趣是骑自行车在五大道一带闲逛,让子女们陪着,也许这样他可以放松精神。偶尔陈范有也打打网球,但次数很少。陈克宽说,父亲就是喜欢自己的专业,他到世界各国游历时,去观光赏景的时间很少,到处考察水泥工业,回国时带的几乎都是各类图纸。

成都道旧居为主人亲自设计

"洋灰陈"在津所居小洋楼现在已知有两处,均保存完好。一处为今陕西路148号,一处为今成都道20号和22号。近日记者分别到两处旧居进行了实地采访。

陕西路寓所位于与锦州道交口仅10余米处。这里现在已成了居民大杂院。陈克宽就出生在这幢小楼里。

据陈克宽介绍,陕西路洋楼的建筑年代、陈家何时搬到这里已很难搞清楚了。但可以肯定的是,在20世纪30年代初搬到五大道

拆除前的成都道20-22号"洋灰陈"旧居

之前，其祖父陈一甫和父亲陈范有就住在这里。在这里发生的一件事，陈克宽现在仍记忆犹新。那是他很小的时候，有一次得了猩红热，被封闭在后面的附楼里。后来遇到一个德国医生，给打了一针，之后过了三天三夜，病就好了。因为屋子里点着洋蜡，他不小心给碰倒，还引燃了被子。

今年71岁、现住在楼院里的高润旺大爷也向记者介绍了一些情况。他说，新中国成立前夕，这所楼由一个军阀与其姨太太居住，他们的后代据说现在美国。新中国成立后，房子成为公产，曾作为环卫部门清洁队的宿舍。高大爷是1982年搬到这里的，可至今催缴水费通知单，仍写着"清洁队宿舍"。

高大爷还说，现在小楼一层左首的孕婴用品商店，原来是居委会的小工厂，专门生产运动服。后来因失火小工厂被清理掉，才租给别人做买卖的。整个楼里最多时住过17户人家，每户大约只有一间房。现在绝大多数老户都已买了新房，陆续搬出。因此楼里的房子很多都出租给了外人。

成都道居所是陈范有的三子陈克俭的出生地。据陈克俭介绍，其父亲陈范有是学土木工程的，成都道寓所是陈范有亲自设计、选料、监督建造的。建设时间肯定要早于他的出生时间，估计在1930年前后。

另据陈克宽说，今成都道寓所外观浑然一体，实际是两座连体建筑。今20号为其祖父陈一甫和叔叔陈伦有、陈达有居所，22号为父亲陈范有居所。他及兄弟姊妹与父亲一起居住。天津解放前夕，其祖父陈一甫在成都道寓所去世。当时国民党守军负隅顽抗，全城实行军事管制，因此陈一甫的遗体很长时间无法入殓。

新中国成立后，因陈范有已定居上海，因此成都道22号出售给海运部门作了宿舍。20号则一直由陈一甫的后人居住到20世纪90年代，最后出售给房管部门。

"洋灰陈"后人多事业有成

陈一甫有三子三女。长子即陈范有，原配所生。次子陈伦有，名汝贤，续弦所生。曾在滦州矿务公司任职员。

三子陈达有，名汝鬯，也是续弦所生。他1911年生于天津。唐山交通大学毕业，学习土木工程。1939年入天津久安信托公司，先后任襄理、副经理、经理等职。1953年，任启新洋灰公司副经理，公私合营后任副经理及副厂长。曾任唐山市民主建国会主任委员、工商联主任委员、河北省工商联副主任委员、全国工商联执行委员，全国政协委员以及唐山市人大常委会副主任等。1987年在唐山逝世。

陈一甫长女的名字，记者在采访中未获，其次女名训成，三女名善成。

陈范有有四子三女，初中全部就读于天津耀华中学。

长子陈克潜，1926年生。上海交通大学化学系毕业，新中国成立前曾参加党的地下工作。新中国成立后在苏州大学任教，教授、博士生导师。曾任苏州大学校长，现已离休，居苏州。

陈范有之子陈克宽

次子陈克宽,1928年生。1947年考入天津工商学院,1951年津沽大学(即天津工商学院改名)毕业,分配到邮电部,后到部属北京邮票厂工作。1988年退休后居北京。

三子陈克俭,1932年生。在上海高中毕业后即参加工作。自学成材,高级经济师,退休前任上海市经委办公室主任。现居上海。

四子陈克澄,1934年生。复旦大学新闻系毕业。在上海市第二医学院工作。1980年移居美国洛杉矶。

长女陈德之,1923年生。曾就读南开大学外语系,1949年未毕业即移居台湾。在台北的耀华玻璃公司工作。退休后居台北。

次女陈翼之,1930年生。金陵大学毕业后在农垦部(后改农业部)工作,高级农艺师。1990年退休。现居北京。

三女陈培之,1936年生。唐山交通大学毕业。在天津地方铁路局工作。退休后居天津。

附:"洋灰陈"旧居

旧居之一在今陕西路148号居所,分为主楼和附楼,砖木结构。主楼两层,局部三层;附楼四层,高度低于主楼,为用人居所和锅炉房、厨房等设施。两层主楼的顶部是个大晒台。唐山大地震

陕西路148号"洋灰陈"旧居

后曾维修加固。

　　旧居之二在今成都道20号和22号，位于与山西路交口处，原为伦敦道30号和32号。该建筑是两座连体楼，建筑面积共一千多平方米。两楼各有三个向外的门，中间有门相通。楼高三层，砖木结构。陈范有设计监造，约建于1930年左右。20世纪40年代曾增建防空设施等。

　　按：本文为"天津小洋楼的故事"第4篇，刊于2005年3月31日《今晚报》第38版"滨海·乡情"（《今晚滨海》专版第354期）。

叶兰舫 名登榜,以字行,浙江省金华县(今金华市)人。1864年6月14日生。早年随父做小生意。13岁当钱庄学徒,22岁任领东掌柜,24岁投资办钱庄,曾任天津和盛益引号主任、公益银行天津分行经理。1910年与德国人合资创办北洋保商银行,任华方经理。曾任天津总商会会长、天津银钱业同业公会会长等职。1937年7月20日在津去世。

> 从13岁当学徒,到24岁独立开钱庄,短短十几年间,他就成为银钱业瞩目的人物——

叶兰舫天津发迹

今新华路118号小洋楼,是"五四运动"时期的天津总商会会长叶兰舫居所。其右邻就是赫赫有名的"元隆孙"宅,今为和平区委所在地。关于叶兰舫,除了他在"五四运动"中的一些活动还偶尔被人提起外,其早年的创业经历等,现已很少有人知道了。

24岁开办钱庄

叶兰舫1864年出生在浙江省金华县(今金华市)一个贫寒读书人家。父亲是个穷秀才,屡试不第,因此给刚刚出世的叶兰舫起名"登榜",表达了对科举的深深寄托。可叶兰舫很快就失去了参加科考的机会,因生计日蹙难以糊口,父亲弃儒从商,带着长子叶春农和次子叶兰舫迁居天津。叶春农、叶兰舫有个"行一"的堂兄,是李鸿章的手下(据说是李的管家),父子三人来津很可能与他有关。至于具体细节,现已无从知晓了。

初到津门,年幼的叶春农、叶兰舫随父亲往返于天津和沧州之间,靠贩卖草帽缏为生。从事小本生意的过程是十分艰苦的。据族人回忆,叶家当时最值钱的家产是一头驴,用来驮运货物。去沧州趸货时,父亲骑驴,叶兰舫与哥哥步行紧跟。为了省一点儿钱,住店时爷仨儿只要一张床,父亲睡床上,兰舫兄弟则打地铺。

13岁时(约1876年),叶兰舫经人介绍,到天津"海张五"家的钱庄当学徒。开始叶兰舫是小伙计,每天干的多是端茶水叠床铺倒夜壶之类活计。叶兰舫随父亲做生意多年,生活磨炼加上聪明好学,逐渐得到钱庄掌柜的器重,从小伙计升任大伙计。

当大伙计的叶兰舫,接触到了很多天津银钱业头面人物,于是在酒桌、牌桌乃至烟榻前,他有了更多机会听这些老板讲生意经,对银钱业的经营逐渐谙熟于胸。22岁时(约1885年),叶兰舫成为钱庄的领东掌柜,在天津银钱业引起不小的震动。又过了两年,24岁的叶兰舫积累下足够的资金,独立开办起钱庄(可能叫"和盛益"银号),在天津银钱业再次成为新闻人物。

1910年,为清理天津商人积欠洋商款项,方便华洋商务,德国人冯·巴贝与叶兰舫等中国商人合作,筹集白银4000万两,创办"北洋保商银行",冯为德方经理,叶为华方经理。行址设在今解放北路52号,为砖木结构两层西式楼房,现保存完好。

银行除经营存放款业务外,还有权利单独发行货币。1918年第一次世界大战德国战败,冯·巴贝撤资归国,有关手续全部移交给叶兰舫,北洋保商银行由此成为中国首家华人独资的私营银行。

20世纪前20年,是叶兰舫在天津银钱业最活跃的时期。他与魏信臣、郑绍棠等结为至交,形成天津银钱业资本集团。发迹后的叶兰舫,按惯例捐班,成为四品的天津候补道。从40岁左右开始,叶兰舫又开始投资实业和盐务。他购买了塘沽引地,成立了同和津店,供应河北省正定、灵寿、磁县、平山等地的食盐。他又投资福源造酒股份有限公司,经营直沽酒、五加皮和冬菜等。这些商品,除行销国内各地,还远销南洋。现在天津的冬菜仍畅销东南亚各国,就缘自那时打下的市场基础。

叶兰舫因在生意上精于计算,因此天津商界给他起了个"铁算盘"的绰号。

"五四"时组织罢市

1898年,清政府令各省设商务局。1902年天津商务局建立后,因办事不力,众商不满,1903年被民举的商务公所代替。1905年,商务公所改组为天津商务总会。1918年,商务总会更名天津总商会,叶兰舫当选为总商会会长。

1919年5月4日,为反对出卖中国利益的《巴黎和约》,北京学生3000余人在天安门集会游行,"五四"运动爆发。期间天津总商会发起罢市运动,有力地支援和推动了"五四"运动的发展。作为会长的叶兰舫,在推动罢市过程中起了一定作用。

5月7日,天津总商会致电巴黎和会中国专使,要求收回青岛主权,以保领土。5月12日,天津学、商、教、绅各界代表200多人筹备公民大会,讨论争回青岛权益办法,会上叶兰舫被推举为商界干

新华路116号叶兰舫旧居

事。5月28日,叶兰舫主持天津总商会召开茶话会,研究提倡国货办法,并于6月2日发布关于提倡国货的布告。

6月7日,叶兰舫召集天津总商会全体商董开会,讨论罢市问题,支援学生罢课斗争。8日,天津学生在街上集会演讲后,全体赴北马路天津总商会,求见会长叶兰舫和副会长卞月庭。学生代表慷慨陈词:"中国危亡,间不容发,倘再因循,将无法挽救。"在学生爱国行动的感召下,叶兰舫和卞月庭慨然允诺10日罢市。9日,总商会召集各行业会董600多人开会,叶兰舫报告开会宗旨,要求北洋政府严惩卖国贼,保护学生。天津学生代表谌志笃、马骏等参加旁听。

10日,天津总商会发布布告,宣布罢市,并电请北洋政府惩办曹汝霖、章宗祥、陆宗舆等卖国贼云云。10日下午,天津总商会开会继续坚持罢市要求,并急电北洋政府,再次强烈要求"以明令惩免曹、陆、章及保护学生,以谢国人而救目前"。

6月18日下午,天津各界在天津总商会召开大会,成立天津各界联合会,统一组织领导天津的反帝爱国斗争。

据叶氏族人回忆,"五四"运动期间,周恩来也到总商会找过叶兰舫,联系罢市事宜。此前,叶兰舫就对周恩来有所了解。周恩来在南开学校读书时,叶兰舫观看过他演出的文明戏(即后来的话剧),对其才华评价极高。1917年9月,周恩来中学毕业赴日本求学,严范孙为周恩来饯行,叶兰舫当时曾与会。

叶兰舫旧居老门牌犹存

补欠款高渤海赠楼

叶兰舫在津居所现知有两处,一处在老城厢,一处在原法租界。

叶兰舫发迹后,首先在老城厢北门里只家胡同购置了一处多进四合院,因此被称为"北

叶兰舫旧居台阶仍保留着原貌

门里叶家"。这处宅院的购置肯定在1900年之前,因为八国联军攻陷天津时,全家曾从北门里临时迁居意租界,以躲避兵乱,等事态平静后才搬回北门里。

约在民国初年,叶兰舫在法租界樊主教路(今新华路)与巴斯德路(今赤峰道)交口处购买楼房一所,此后被称为"法租界叶家"。楼房至今保存完好。它是两座连体楼中的一所,紧靠路口转角处,门牌号是新华路116号;连体楼中的另一所与叶家无关,紧临赤峰道,门牌号为赤峰道71号。

叶兰舫法租界宅后来有了南楼与北楼之分。据族孙叶学曾等回忆,20世纪30年代中期高渤海建渤海大楼时,在叶兰舫处借了一笔款子,后因无法偿还,遂在叶宅南侧盖起一所楼,之后交给了叶兰舫,就算是顶账了。此后,叶兰舫就住在高渤海所建新楼里,称"南楼",叶兰舫的哥哥叶春农则住在先期购买的老楼里,称"北楼"。两所楼各自独立成院,中间由一个月亮门沟通。两所楼都是三层带地下室,但北楼是坡顶,南楼是平顶带护栏。两楼现都由天津一商集团使用,南楼是新华路118号,曾作为一商集团的老干部活动中心;北楼现为天津一商化工贸易有限公司。

在叶兰舫族孙叶学鹏陪同下,记者到现场进行了探访。经过七十来年的风雨,叶兰舫所生活过的南楼依然完好。墙上的淡黄色瓷砖,还是当年的模样。院中的门房和汽车库的墙上长满绿苔,一副饱经沧桑的样子。南楼的汽车库和门房以及北楼的黄包车夫住所和门房,都经过了改造,现在成了四家小商店。

南楼的大门没有丝毫改变,只是显得有些斑驳。原门牌号为184号,铁艺的镂空门牌,现仍镶嵌在大门的上方。据叶学鹏介绍,在北楼外墙基下,原来有一处"庆余堂叶"的界碑,可能在整修墙面时被盖在了下面。另外,南楼的晒台上,原来有造型各异的护栏,唐山大地震时受损,后来未恢复原貌。

叶兰舫持有开滦、启新、耀华等著名企业和多家银行的股票。据说一次因资金周转困难,叶兰舫找到东莱银行,准备支取一些钱,结果经理没有答应。叶兰舫十分生气,命管家转天将在东莱银行的资金一次提清。叶是东莱银行的大股东,其撤资对银行的打击将是毁灭性的。东莱银行经理闻讯,急忙向叶兰舫赔礼,并在银行界请了一次大客,此事才算了结。

据族人回忆,叶兰舫虽然财势雄厚,但生活十分节俭。他住楼房时,厅里只用一只15瓦灯泡。一次过年,嗣子叶君复换了个100瓦灯泡,想让他亮堂亮堂,结果叶兰舫指着叶君复说:"小七(叶君复小名)呀小七,你太过分了!"

1937年,叶兰舫在南楼去世。

族人在津生活平静

叶兰舫没有子女,因此过继了哥哥叶春农最小的孩子为嗣。

叶春农早年与叶兰舫一样,随父亲做小本生意。后来靠在李鸿章手下做事的本家哥哥提携,逐渐在政界发展,当上了京官,其职位可能还不低。据说清末时,每年春节当官的要比赛轿车,叶春农因马和车装饰得漂亮,常常得奖。他曾任天津总商会董事,1935年在"法租界叶家"北楼去世。叶兰舫花33万元,给哥哥出了大殡。

叶春农有六子一女,均出生于北门里叶家胡同。长子叶颂平,娶土城刘氏之女。次子名不详,娶河东冯氏之女。三子、四子早夭。五子叶效光,是天津"城南诗社"最小成员,有作品传世,20世纪60年代初在津去世。其夫人杨慧珍,是著名银行家杨天受之妹。六子叶君复,即叶兰舫嗣子,因他是第七个也是最小一个孩子,故小名"小七"。

叶君复,号树珊,生于宣统三年(1911)六月二十七日。他读过13年私塾,但从未上过新式学堂。1982年在沙市道顺兴里平房逝世。其夫人钟淑澄,是曾任北洋政府财政次长兼盐务署署长钟世铭的侄女。

1937年叶兰舫去世后,叶君复继承了五分之四的遗产(其他由叶春农其他子女继承)。1945年抗战胜利后盐田充公,叶家收入锐减。1947年,叶君复把新华路南楼卖给山西"亨记银号",租住到今大理道23号小洋楼里。楼主人为东北人高九模(音)。

据后人回忆,叶君复一辈子没赚过钱,新中国成立前靠吃遗产生活,新中国成立后则靠子女养活。新中国成立前的叶君复,过的是典型富家子弟生活。他昼夜颠倒,白天睡觉,晚上吃喝、打牌、票戏、打球等。唯一值得称道的一件事,是曾出资支持方先之、张纪正等创办天和医院。

约1940年底,留美归来的张纪正给叶君复做了肺切除手术。手术非常成功,张说还能再活10年(结果叶又活了40多年)。因为这层关系,天和医院建立时,叶成为最大的股东之一。

叶君复还喜欢照相,他有一台当时很稀罕的德国"蔡斯"相机,曾给子侄并自拍过不少照片,其中有一部分保存在后人手中。

叶君复有八个子女,长女家琪、长子学仁、次女家瑗、次子学义、三子学鹏、四子学曾、五子学良、三女家珍。除最小的叶家珍外,均出生在新华路南楼。家琪、学仁、家瑷现已去世。学义现居西安,学鹏、学曾、学良、家珍现居天津,他们都过着普通人的平静生活。

叶家琪就读耀华中学,因长相漂亮人称"小周璇",后嫁汤玉麟的侄子汤佐天,夫妇俩新中国成立前曾在今大理道93号居住。

陪同记者采访的叶学鹏,1941年生,1951年入平凡小学,1955年入天津市第一中学,1958年毕业后到街道工作。1964年下乡到宝坻农村,1977年底回城后,在天津市煤气公司工作,2001年退休。

按:本文为"天津小洋楼的故事"第12篇,刊于2005年7月19日《今晚报》第26版"滨海·乡情"(《今晚滨海》专版第431期)。

庄乐峰 名仁松,字育文,乐峰是号。1873年生,江苏丹阳人。毕业于北洋水师学堂。1900年任开平矿务局督办张翼的翻译。曾任美国胜家公司买办,中兴公司、开滦公司以及英商赛马会董事等。20世纪20年代至30年代初,任英租界华人纳税会董事,倡办天津公学(今耀华中学前身)。1949年在今花园路10号寓所去世。

最初学习军事，却以经营实业起家，最后则因从事公益事业而闻名天津——

庄乐峰创办"耀华"

庄乐峰最初学习军事，却以经营实业起家，最后则因创建耀华学校闻名天津。与庄乐峰的高知名度相比，其生平却显得模糊不清。近日，记者花大力气搜集资料，并采访了庄乐峰的孙媳邹迪和曾孙庄德辉，但对其生平功业仍只能勾勒出一个轮廓。

学海军却走上经商路

据记载，庄乐峰早年毕业于北洋水师学堂。该学堂位于天津东局子，所招学生一般十五六岁，因此他来天津约在1899年前后。据庄乐峰曾孙庄德辉介绍，在水师学堂学习训练时，庄乐峰不小心从桅杆上摔下来，腿部受了伤，虽然很快恢复，但仍然影响到他与同学一样向军界发展。毕业后，庄乐峰留校任教。

1900年，庄乐峰因外语好，被调派至开平矿务局，给当时的督办张翼当翻译，这成为庄乐峰转向实业界的开端。其间张翼私自将开平煤矿转让给了英商墨林公司，受到舆论非议，庄乐峰因此受累，一度避居青岛。

大约20世纪初期，庄乐峰成为美国胜家缝纫机公司买办。1851年，美国工人艾洛克·梅里特·胜家发明了锁式线迹缝纫机，并成立胜家公司。20世纪初正是胜家公司大举进军全球市场并形成垄断的时候。庄乐峰怎样与胜家公司发生联系，已经不得而知了。有记载称庄乐峰是第一个把缝纫机引入中国的人，这种说法显然站不住脚。因为在清朝同治年间，上海已有专门的缝纫机销售点，此时庄乐峰还不到10岁。

为胜家公司当买办，使庄乐峰逐渐积累起雄厚资本，成为天津实业界翘楚；北洋水师学堂和开平矿务局的经历，使庄乐峰有机会接近北洋系人物，并成为开滦公司的董事。

1918年，曾任北洋政府代总理的朱启钤担任中兴公司总经理（煤矿在山东枣庄，董事会在天津）。约在此前后，庄乐峰随黎元洪一起，成为中兴公司大股东，并出任董事。著名爱国将领张学良、曾经担任民国总统的徐世昌、军阀张勋以及银行家周自齐、陶湘等，也在这一时期加盟中兴公司。20世纪二三十年代，是庄乐峰事业的顶峰。

1927年，汉口、九江英租界被中国政府收回，天津英商赛马会为缓和中国人的情绪，开始吸收中国人担任董事，庄乐峰是首批华人董事之一。

争平等倡建天津公学

20世纪20年代起,庄乐峰长期担任英租界华人纳税会董事。20年代初,英租界工部局建了一所英文学校(即后来的天津市第20中学),专为外国纳税人子女而设。庄乐峰为此向工部局提出建议,在英租界内也应该为中国纳税人子女设立学校,以昭示平等。经董事会讨论,同意创办学校,定名天津公学。同时,由华人纳税会选举三位董事,组成天津公学管理委员会,庄乐峰成为首任主任委员。

1927年6月,天津公学诞生,王龙光任校长。最初天津公学为小学学制,校址在戈登路(今湖北路)37号,经费由英租界工部局拨给,数额是工部局年收入(华人部分)的万分之十八。转年学校迁至红墙道(今新华路),扩充为初、高级两级小学,严松章任校长。

考虑到学生日增和学校发展,1928年庄乐峰提出扩建计划,遭到工部局拒绝,于是中国董事公推庄乐峰主持发起募捐。经过筹划,最后选定墙子河畔53亩洼地(即今南京路106号耀华中学址),启建新校舍。学校由英商永固工程司的库克和安德森设计,至1935年才全部竣工。

1935年学校建成后,改名为耀华学校,取"光耀华人"之意。学校设男生中学部、女生中学部和小学部。校训为"勤朴忠诚",刻在校门门楣的背面。1952年,耀华学校改称天津市第16中学,1988年又恢复"耀华"之名。

耀华中学东北侧原有一条耀华路,长不足百米。隔路与耀华中学相对的是耀华里。很多人误以为这两个地名与耀华学校有关,其实耀华里一条至六条始建于1902年,远早于耀华中学命名。耀华路建于1921年,曾名公学道,这倒确实是由天津公学派生而来的。1943年,日本人将此路改称兴亚二区22号路。1946年,中国政府又因耀华里之名,命名其为耀华路。百年老巷耀华里,在近年的城市改造中拆除。

在天津拥有多处房产

1937年天津沦陷后,庄乐峰与校长赵天麟(1934年任)一起带领全校师生,对敌伪当局强行推行的奴化教育给予了抵制,并坚持在耀华学校升国旗,还常去学校演讲,遭到敌伪嫉恨。耀华学校升国旗的做法,一直坚持到1938年6月赵天麟被日本宪兵队特务暗杀。

1938年3月,日军侵占枣庄,对中兴煤矿实行军事管制。4月,中兴公司在汉口召开董事会,决定"决不与日人合作"。两个月后,日军兵临连云港,中兴公司炸毁了在连云港的码头和装煤机,并用3艘巨轮沉船封港。当然,这一做法无法挡住日寇的铁蹄。期间,庄乐峰还与其他董事一道,决定把煤矿的生产设备埋入地下,不为日本人生产。

中兴公司股份可能是庄乐峰最大的经济来源。煤矿被日本人控制后,家庭生活日蹙。后来迫不得已,他将花园路寓所的一楼出租给了银号,一直到新中国成立后。

庄乐峰1949年在花园路寓所去世。当时其曾孙庄德辉还不到

3岁。曾祖父留给庄德辉的唯一印象,是每次见面时都要正襟危坐,把幼小的庄德辉抱到怀里,再给他一根棉花糖。

庄乐峰在天津曾经有多处房产。除今花园路10号和解放南路292号两处居所外,还建有重庆道育文坊与武昌道宏寿里,均在1939年建房成巷。育文坊为两层楼房(唐山地震后加盖至三层),现保存完好,以庄乐峰的字"育文"命名;宏寿里在今桂林路与沙市道转角处,原为砖木结构平房,1987年拆除,建起一栋五层办公楼和一栋六层住宅楼。

据庄德辉介绍,宏寿里是以其父亲庄道宏名字命名的,是庄乐峰给孙子的生日礼物,取"道宏长寿"的意思。另外,庄乐峰在北戴河也置有房产,至今那里还有一条"乐峰路"。

后人多居住在天津

庄乐峰后人多在天津长期生活。他只有一个儿子,名叫庄义奎,号云九。庄义奎生于1896年,曾就读于唐山交通大学和美国康奈尔大学,任过鲁丰纱厂经理,新中国成立后一直住在花园路10号居所的后楼,1964年去世。据其儿媳邹迪回忆,庄云九是个公子哥,爱好交友,整日吃喝玩乐,多数时间无正式工作,但他非常聪明,字写得很好,脾气也好。

据记载,1925年,张学良、李景林向张作霖保举曾任北洋政府总理的潘复当财政总长。庄乐峰与潘复很熟,庄云九还曾拜潘为老师,彼此走得很近。一天潘复告诉庄云九:"市面上的'九六公债'可以收一收。"庄云九猜到老师一定又要掌握财政,次日遂到恒源银号,叫经理大量收购。"九六公债"顿时行情看涨,从一扣骤升到六扣以上。不料不久发生郭松龄倒奉事件,李景林被西北军打退到山东,张学良也出了关。潘复财长梦破灭,"九六公债"行情一落千丈。最苦的是庄云九,最后只好由庄乐峰填补了亏空。邹迪回忆说,庄云九不善经营,庄乐峰曾企求儿子不要参加"工作",恐怕与这事不无关系。

庄德辉的父亲庄道宏,号毅忱,是庄云九的独生子。他1919年生于天津,1938年赴英国伯明翰大学留学,1942年毕业后赴美国,在哈佛大学攻读工商管理硕士学位,两年后毕业,在美国通用公司工作。1946年回上海,1948年来天津,任中国银行经理办公室主任。他最初租住在百福大楼,后搬到今重庆道181号小洋楼。该楼连阁楼三层,红大门,今为居民大杂院。1952年,庄道宏随中国第一个商务代表团出访东欧。归国后未及归家,即被送进今河北路52号学习班学习,1954年被以"泄露国家经济机密罪"判处10年徒刑,1980年平反。后在天津投资公司、中国贸易促进会天津分会工作。1986年10月9日在津去世。

庄道宏的夫人邹迪,1921年生,美国康奈尔大学毕业,1945年在美国与庄道宏结婚,新中国成立后曾在天津市家庭妇女联谊会幼儿园(后曾改称民园街第四幼儿园,在今新华路)

2005年4月16日采访庄德辉时留影

当主任。现与女儿生活在一起。

庄德辉是庄道宏长子。1947年生于上海。1954年入天津常德道小学，两年后转入民航子弟小学——成都道小学（今长沙路小学），1960年至1966年就读于天津市第21中学，1968年下乡到内蒙古四子王旗，期间曾在矿区教书。1977年2月返城，1978年考入天津师范学院化学系，1982年毕业分配到东方红中学（今第二南开中学）工作至今。特级教师。

庄德辉还有一个妹妹和一个弟弟。妹妹庄德容，1949年生，1965年支边去甘肃生产建设兵团工作。返城后进了街道办工厂，后调天津市外国企业专家服务公司工作至退休。现居天津。弟弟庄德联，1952年生，1969年下乡到内蒙古。返城后在中国贸易促进会天津分会工作，曾下海经商，后又在南开大学会计学系教书。现已移民美国。

附：庄乐峰旧居

旧居之一在今和平区花园路10号。1926年建，德国庭院式楼房，主楼四层带地下室，砖木结构。外跨两层小楼两座，为账房和佣人居所。贝伦德工程司设计建造。有法国曼塞尔式屋顶。现为公产，由市教育局使用。门口挂牌为天津市语言文字工作委员会办公室、天津市中小学幼儿教师奖励基金会等。

旧居之二在今解放南路292号。建于1931年，德式楼房，砖木结构，包括三层互通式北楼两幢，两层南楼一幢。后租与曾任北洋政府交通总长的吴毓麟。抗战时被日本宪兵队占用。后成为徐鹏志

花园路十号庄乐峰旧居

解放南路二九二号庄乐峰旧居

房产,1950年由市公产清管局依法没收,先后由市财经委员会、市人民检察院使用。南楼和庭院长廊已拆除,1983年新建框架结构6层办公楼一幢。现为中国人寿保险公司天津市分公司。

按:本文为"天津小洋楼的故事"第7篇,刊于2005年5月23日《今晚报》第35版"滨海·乡情"(《今晚滨海》专版第390期)。

李烛尘 1882年9月16日生于湖南省永顺县毛坝寨。原名李华榗（音"见"），字竹承。1900年春，参加永顺府会试，中秀才。1902年秋，入常德西路师范学堂甲班就读，1906年毕业。1912年东渡扶桑留学，进入日本东京高等工业学校电气化学专业学习。1918年归国，进入天津久大精盐厂任技师，1919年任厂长，并改名"烛尘"。1921年兼任永利碱厂经营管理部部长。1922年起，与侯德榜轮流值年担任永利碱厂厂长。1922年，提议成立中国首个企业科研开发机构黄海化学工业研究社。1937年抗战爆发后，任"永久黄"团体迁川总负责人。1945年范旭东逝世后，任久大精盐公司总经理和永利制碱公司副总经理。1945年发起创办中国民主建国会，任民建中央常务理事。1949年9月，参加中国人民政治协商会议，当选为中央人民政府委员。1950年，参与创建民主建国会天津分会和天津市工商业联合会。1952年7月，任民建中央副主委。1953年10月，任中华全国工商业联合会副主委。1956年5月，任食品工业部部长。1958年2月，任轻工业部部长。1964年，当选为全国政协副主席。1965年2月，任第一轻工业部部长。1968年10月7日在北京逝世。

> 从1918年到1955年,李烛尘在天津度过了
> 其大部分青壮年时光,成为中国民族化学工业的
> 开拓者之一——

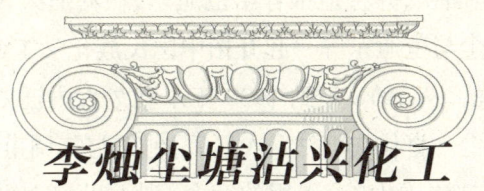

李烛尘塘沽兴化工

从1918年到1955年的近四十年间,李烛尘在天津度过了其大部分青壮年时光,成为中国民族化学工业的开拓者之一。其间,他与范旭东等人一道,为"永久黄"团体的发展倾尽了全部精力和心血。甚至可以说,天津是与李烛尘一生关系最密切的城市。

在津旧居全部保存完好

李烛尘在今天津中心城区一共有四处故居,现在全部保存完好。前不久,记者在李烛尘的孙子李明智陪同下,对这四处故居以及其长期工作过的久大精盐公司驻天津总管理处进行了探访考察。

据李明智介绍，1918 年夏，李烛尘从日本留学归国。他绕道朝鲜，并到大连等地考察了日本人办的化学工业。8 月初，李烛尘到了北平，住湖南会馆。在这里他根据考察情况写成《盐与工业之关系》一文，投稿给《盐政杂志》。

该杂志主编景本白对这篇文章十分欣赏，很快予以发表。景本白还约李烛尘面谈，并将他推荐给范旭东，在塘沽久大精盐厂任技师，成为李烛尘与范旭东等一起开拓中国民族化学工业的开端。

李明智说，从 1918 年到 1937 年永利久大内迁四川的近二十年时间，李烛尘一直住在塘沽。入厂后，他先与陈调甫、杨子南等一起住在公司在"法国大院"租用的宿舍，到上世纪 20 年代中期，才搬到新建的"塘沽新村"，与普通职员和工人住在一起。

1945 年 9 月，李烛尘从重庆乘飞机至南京，又转乘火车回到天津。这时他住到了今四平东道 57 号久大精盐公司所有的一幢日式平房里，大公报主笔兼经理胡政之等，曾来此拜会李烛尘。记者在这里看到，平房的日式排子门和屋内的木地板、日式花纹地砖等至今仍保存完好。据现住这里的金先生介绍，平房目前住着三户人家，他们的父辈都曾是天津碱厂的职工。

在四平东道住了约两年时间，1947 年久大公司在今睦南道给李烛尘租了西式平房一所。据研究天津小洋楼的专家金彭育先生介绍，这里共有四所连体平房，原本是教会的产业，后来美国领事馆曾在这里办公，再后转给个人使用。这是天津一处高档平房区，屋内采暖等配套设施十分齐备。李明智说，睦南道平房租金很贵，住了约一年多就搬走了。这处平房现由市财政局下属的北海公司使用。

1948 年，李烛尘从睦南道搬到今辽宁路 187 号。这所两层小楼,紧靠今赤峰道63号久大精盐公司驻天津办事处。办事处大楼建于1923年,两层小楼作为配套同时建成,具有企业内部招待所的性质。围绕两层小楼的今赤峰道、辽宁路、花园路门脸房,原来都是汽车库。小楼的二楼上面原来有个石砌的小亭子,1976年地震中受损。李烛尘当时住在二楼的一个套间里,现被某摄影公司租用,原客厅用来处理业务,卧室则成为总经理办公室。

李明智说,1948年底天津解放前不久,我党地下工作者曾来到李烛尘在今赤峰道的办公处,希望他能为和平解放天津做些工作。为此,李烛尘先后找到当时天津市市长杜建时、天津市警察局局长李汉元和天津警备司令陈长捷等,希望守军能放下武器。虽在陈长捷处被碰了回来,但李烛尘的工作仍收到了一定成效。后来解放天津攻城时,李汉元稳定了警察队伍,使天津未发生大的混乱。李汉元因此得到了起义人员的待遇。

四平东道57号李烛尘旧居

毛主席到李烛尘家做客

1949年初天津解放后,李烛尘搬到马场道202号(今102号)居住。李烛尘所居有四层楼,共八间房。一层是车库,二楼是客厅和饭厅,三、四楼是起居室。这处居所是安乐村公寓住宅的一部分,即使其最辉煌的当年,也仅仅是高级职员的住所,与周围众多的独立别墅相比显得有些寒酸。然而,由于毛泽东主席的一次突然造访,使这里成为李烛尘在津故居中最有名的一处。

马场道一〇二号李烛尘旧居

毛泽东与李烛尘相识于1945年重庆谈判期间,初次见面是在张治中的官邸"桂园"。毛泽东对李烛尘的爱国精神和民主立场十分赞赏,此后多次约见并结下深厚友谊。

据李明智回忆,他平时一直在父母身边,只有到了节假日,才有机会到爷爷家小住。毛主席到李烛尘家做客的那天,是1951年12月28日,当时李明智刚8岁,正好放假住在爷爷家。这次见到毛主席,令李明智终生难忘,至今他仍记得当时的许多细节。

李明智说,关于毛主席这次到李烛尘家做客,有人曾写文章说毛主席在这里住了一夜,与李烛尘促膝谈心,交流思想,这种说法既缺乏根据,也不合情理。事实是,毛主席只待了20多分钟,很快就走了。这一点,无论是李明智本人的记忆,还是后来有关当事人的回忆,都能予以证实。

李明智说,毛主席12月27日从北京来津参观华北区城乡物资交流展览会,29日即返回了北京,可见行程安排十分紧张。毛主席能抽空到李烛尘这样的民主人士家中看望已属十分难得。

李明智回忆了当时的一些细节,毛主席到家中的时间是下午四五点钟。毛主席进家门前10分钟,李烛尘才穿着大衣、戴着口罩从市工商联办公处(今花园路10号)匆匆赶回家,对接待事宜进行了简单安排。由此可知毛主席要见李烛尘是个临时决定,否则李烛尘不会这么仓促。

当时在家的,有李明智及其祖母、两个姑姑、一个叔伯姐姐。李明智说:"爷爷到家第一句话就是:'毛主席要来!'之后就让祖母带我们上楼回避。祖母很紧张,往楼上赶我们。当时家中二楼是客厅,从外面上台阶,直接就可到二楼。客厅有地毯和沙发,旁边是饭厅,与客厅用幔帐隔开。"

毛主席来时，天津市长黄敬亲自开车。随行人员有杨尚昆、罗瑞卿、滕代远和万晓塘等人。李烛尘站在二楼台阶上，把毛主席迎进客厅。李明智告诉记者，这些都是后来他问爷爷以及查找有关回忆文章知道的。

李明智说："我当时还小，祖母没有十分强迫我上楼。我就怀着看毛主席的好奇心情，偷偷躲在幔帐后面瞧热闹。毛主席戴着圆帽子，进到客厅落座后，就开始讲话。可是他那浓重的湖南口音我无法听懂。毛主席坐了四五分钟后站起来，背着双手在地毯上来回走，边走边讲。其他人都坐在周围的沙发上听。讲了大约又有十五六分钟，毛主席就走了。"

关于毛主席这次讲话的主要内容，李明智后来向祖父询问。大意就是当时李烛尘身兼的职务较多，每周要往北京跑两三次，往返奔波十分辛苦，毛主席希望李烛尘搬到北京去住。

1955年，李烛尘迁居北京，住东城区东总布胡同1号（后改为5号），直至1968年逝世。

不废读书，终生吟咏不辍

李明智回忆说，李烛尘一生有两个特别重要的爱好：一个是喜欢写诗，终生吟咏不辍；一个是爱好打太极拳，一直坚持到其85岁时。

李烛尘出身旧科举，因此国学功底十分深厚。操劳事业和国事的同时，他一直坚持读书写作。

1909年，李烛尘到北京参加会试。等他到京后，科举已被宣布废除。他只好乘船从天津转上海,然后经南京等地回到长沙。在由津到沪的船上,李烛尘感时忧国,写下《在渤海湾中》,发出"神州无限伤心事,总觉重洋是祸根"的感慨。

新中国成立后,李烛尘的诗更多地充满了对新社会和祖国大好河山的歌颂。其1960年在新疆考察时所写的三首《天山颂》,笔调流畅,气象阔大,充满豪放之风。其中有句云:"千里横空亘玉龙,玉门关外足称雄。""玉立屏藩千丈雪,银流迭泻一川湫。"

20世纪60年代初,李烛尘自费印行了旧体诗集——《行吟集》。

李烛尘另一个爱好是打太极拳。李明智说,李烛尘打太极拳,最晚在20世纪30年代就开始了。从李明智记事起,李烛尘就每天早睡早起,清晨4点多起床练拳。李烛尘每天练拳大约一个多小时,然后吃早餐,再精力充沛地投入新一天的工作。

新中国成立后到北京工作期间,李烛尘还曾专门向国家体委武术教练马礼堂请教如何将太极与气功结合起来。据传马曾评价说,李烛尘的太极拳已经到了"登堂入室,炉火纯青"之境。

子孙后代现多居于京津

李烛尘共有三子三女,子孙后代现大多居住在北京和天津。李烛尘从小聪明好学,1900年中秀才后,被同村士绅郁园初看中,请媒人说合,将二女儿郁菊花嫁给李烛尘。他与郁菊花生有二女三男。

长女李文英,1902年生,1992年去世。次女李莲英,1904年生,

1994年去世。

长子李文采,1906年9月9日生。中国科学院院士,钢铁冶金学家。1927年天津南开中学毕业。1931年铁道部交通大学(今上海交通大学)电机系毕业。1930年加入中国共产党。大学毕业后进入湖北洪湖红军苏维埃政府,在贺龙、关向应领导下创办红军电台。1932年在反"围剿"中被敌人包围,掩埋电台后化装突围,回到天津。1933年留学德国,1939年获德累斯顿高等工业大学工学博士学位,之后回到重庆,与党组织接上关系,被安排在中国青年科学技术协进会做地下工作。

睦南道56号李烛尘旧居

1949年新中国成立后,李文采任华东区重工业处副处长,主持了华东地区工业企业开工和电网恢复供电等工作。后调任西南区重工业部副部长。1954年调北京国家钢铁研究总院任副院长。1955年被选聘为首批中国科学院技术科学部委员(1994年改称中科院院士)。2000年3月1日在北京逝世。

次子李文奎,1908年生。曾在四川乐山市乌尤坝水运站从事会计工作。1996年在四川逝世。

三子李文明,1912年生。1934年至1939年就读于辅仁大学化学系(与漫画家方成是同学),毕业后进久大盐业公司工作(时在四川自流井,即今自贡)。1947年调天津,任永久沽厂经营副厂长。1957年调化工部沈阳化工研究院。1958年调天津化工研究院,任无机化学研究室副主任兼中间试验厂厂长。1960年调化工部吉林化学工业公司化工学院任教授。1966年8月在"文革"中被迫害致死。

李烛尘之续弦生有一女李渝娟,1938年生。中国医学科学院职业病研究所副研究员。现已退休,居北京。

李烛尘有4个孙子,8个孙女,也大多事业有成。接受记者采访的李明智,是李文明之子。他1944年生于自流井。1947年9月随父亲回到塘沽,住"塘沽新村"。1951年就读于塘沽明星小学,1957年就读于天津五中。1963年高中毕业后在天津市皮革公司工作。1972年调天津市发电设备总厂工作,曾任工程师。1995年进入中法合资阿尔斯通公司,至1994年8月退休。现居天津。

附:李烛尘故居

旧居之一在今四平东道57号,原属日租界,为日式坡顶平房,砖木结构。

旧居之二在今睦南道56号,西式连体平房,约建于20世纪20年代初。平房共四套,李所居为其中一所。

旧居之三在今辽宁路187号,李居于两层小楼之二楼。位于与赤

辽宁路187号李烛尘居所

峰道、花园路交口之间。与紧邻的久大精盐公司天津总管理处办公楼同建于1923年,中华兴业公司设计建造,为法国文艺复兴式建筑风格,有罗马双柱。

旧居之四在今马场道102号,原为马场道202号。是意大利建筑师保罗·鲍乃弟设计的安乐村公寓住宅的一部分。建于1933年,砖木结构,四层。意大利连拱双柱古典式,巴洛克风格,有拱形门洞,局部半圆花饰,墙上有兽头点缀。进楼有外跨楼梯,后门带平窖子。三楼有拱形外跨式大阳台。

按:本文为"天津小洋楼的故事"第5篇,刊于2005年4月18日《今晚报》第38版"滨海·乡情"(《今晚滨海》专版第366期)。

卞俶成 本名肇新，以字行。1889年2月2日生。1908年天津县私立第一中学堂(即后来的南开学校)毕业。1913年，赴欧洲游历求学，曾就读英国伦敦大学理财科。后因第一次世界大战爆发，复入美国纽约大学商学院。1917年毕业，获商科学士学位；同年归国，任南开学校商科簿记教员；1918年赴上海，任汉冶萍总公司改良簿记；1919年回天津，任天津农商银行襄理；1935年至1941年任天津中央银行副理、经理。曾任南开学校、新学书院、汇文中学、中西女中、培才小学等校董事。天津解放后，曾作为特邀代表出席天津市各界代表会议。1952年6月1日在津病逝。

曾祖父创办的中药老字号,在他的经营管理下得到空前发展,业务遍及国内外——

卞俶成振兴隆顺榕

现在的和平区睦南道87号余门,曾住过在天津商界和金融界声名卓著的卞俶成。他是本文主人公,属"天津八大家"卞氏家族。卞氏天津始祖名叫卞瑛,字泰岩,号渭珍,清康熙十四年(1675)生于江苏省常州府武进县升西乡(今武进县前黄乡胜西村)。卞氏是当地大族,卞瑛从

2005年6月17日采访卞学钺时留影

小读书不成,又懒于耕作,被父亲逐出家门。卞瑛流落到山东济宁府,因年轻豪爽一表人才,被孔府幕宾钱老先生看中,招赘为婿。他遂借岳丈之力,进入山东总兵马见龙的幕府。康熙五十四年(1715),马见龙调任天津镇总兵,卞瑛携家带口随宦天津,居鼓楼西塘子胡同。

曾祖父创办隆顺榕

乾隆二十年(1755),卞瑛以81岁高龄客死天津。他有三个儿子:长子卞力仁,中年只身远游未归;次子卞体仁,传至其曾孙辈绝嗣;三子卞中立,为邑庠生,即天津县学学生。卞中立有三子:长子卞嘉祥,迁居老城户部街浙江乡祠南,其后人即"八大家"之一的"乡祠卞家";次子卞嘉瑞,婚后携眷远迁,与天津卞氏失去联系;三子卞嘉顺,后辈居天津城西,为"城西卞家"。天津卞家"乡祠""城西"两派,都是卞中立后人。

卞嘉祥有三子:宗礼、秉礼、享礼。这三兄弟是卞家开始创业的一代。嘉庆八年(1803),三人开设了卞家老铺——隆顺号,主要以经营棉布为业。因秉礼早卒,享礼无子,因此隆顺号便由宗礼的儿子承继经营。宗礼有四子:树棠、树德、树华、树榕。树棠早逝,树德、树华、树榕在父亲、叔父的带领下经营有方,逐渐成为地方巨富。

卞树榕,字楚芳。嘉庆十三年(1808)生,光绪九年(1883)卒。岁贡生,候补训导。卞家因南人北居,水土不服,家人易病。当时天津已出现桔荫堂、宝心堂、仁育堂等药铺,但规模都较小。卞树榕深恐家人为庸医所误,遂精心研习医理,亲制丸散膏丹,供家人及亲友用。

道光十三年（1833）四月二十八药王延辰日，治病经验日丰的卞树榕怀着"济世寿人"的思想，投资5000吊开设了一家药局。药局沿用卞家"隆顺"字号，并缀以卞树榕名字中的"榕"字，这就是至今仍被继承发扬的天津著名老字号"隆顺榕"。隆顺榕开业之初，以本家及戚友为主，外营为辅，但因所售药品选料真，配料细，疗效好，生意日隆。乃将东邻三家店铺兑入，加上原有一间门面，修葺后更名为隆顺榕药庄。

隆顺榕药庄后来在卞俶成手里走向鼎盛。卞树榕就是这个卞俶成的曾祖父。

析家产分得隆顺榕

卞树榕逝世后，隆顺榕药庄由卞家的总管冯氏父子代为经营。1914年卞家析产分家，居津第七代"昌"字辈14门各得一份，因卞燕昌（卞树榕之孙）已于宣统元年（1909）去世，所分得的隆顺榕药庄由其独生子卞俶成继承，遂在原字号后又加上"成记"，变为"隆顺榕成记药庄"。

卞俶成因留学英美，眼界开阔，思想解放，加之继承了巨额遗产，使其所学西方经营理念有了足够的施展空间。1917年，卞俶成经过调查，发现天津区划不断扩大，人口日增，断定中药业大有前途，专门拨出5万元银洋扩建隆顺榕。隆顺榕成记药庄新楼建在天津有名的针市街（今北门外针市街29号），为五间三层大楼，由著名书法家华世奎题写"隆顺榕成记"镏金匾额。记者在现场看到，这座楼青砖砌墙，飞檐翘角，十分壮观。华世奎题写的牌匾，颜色不减

睦南道87号卞肇新旧宅

当年。可惜的是,原来三层的大楼,经过唐山大地震,如今只余两层,现由天津隆顺榕制药厂使用。随着天津城市拆迁改造,隆顺榕成记药庄大楼周围已经拆成一片瓦砾,使这座楼显得颇为孤独。

大楼建好后,卞俶成凭借其独到的市场预见力,先后在今劝业场一层、和平路、西安道、建国道、东马路、大沽路等地开设了六家支店,为隆顺榕带来了可观的利润。同时又在上海、香港、广州、台湾等地设立驻庄,主要经营药材批发及进出口业务,使隆顺榕实现快速扩张,业务遍及国内外。

天津解放后,卞俶成因年事日高,逐渐退出管理。1955年1月1日,中国药材公司天津市公司成立;同年9月10日,隆顺榕成为第一批公私合营的药庄;1957年1月1日,隆顺榕国药提炼部与乐仁堂国药提炼部合并组建天津中药制药厂;2003年5月1日,天津中药制药厂恢复老字号,更名为天津隆顺榕制药厂。卞俶成的儿子卞学钺以及孙子卞淳、卞淞等,都曾经或正在隆顺榕制药厂工作。

躲避日伪迁居租界

"乡祠卞家"一系,自卞嘉祥迁居老城浙江乡祠南以来,一直阖族聚居,这就是有名的卞家大院。卞俶成本人,也是在大院里出生的。1914年卞氏分家,1919年卞俶成回到天津工作,大约就在此时,卞俶成与其叔卞遐昌一起,在今河北路215号糖酒公司大楼一带择宅另住。

隆顺榕作为卞家产业,一直主要交由别人代为经营,卞俶成主要是进行宏观管理。他更多的精力,实际上投入到了金融行业。据卞俶成的儿子卞学钺介绍,他父亲在银行系统的发展,与孔祥熙有关。据说是卞俶成留美期间曾在经济上资助过孔,但具体如何就不

卞肇新夫妇与女儿及美国教师

得而知了。

卞俶成 1935 年任天津中央银行副理，后升任经理，掌管金库钥匙。1937 年 7 月底天津沦陷后，日伪当局想接管中央银行，多次逼迫卞俶成交出金库钥匙。为了躲避日本人的纠缠，卞俶成便在英租界香港道（今睦南道）购买了吴氏土地一块，请著名建筑师阎子亨主持设计，盖起四所平房，命名"友爱村"。1941 年底太平洋战争爆发后，日本侵略势力进入租界，将卞俶成非法拘禁。卞俶成后经保释，赋闲在家。

卞俶成"友爱村"旧宅共有四所西式平房，为今睦南道 81 号至 87 号。其中 81 号临街，其他要通过一段长约三四十米的胡同才能进入。胡同两边的篱墙上，爬满了爬山虎等藤本植物，眼前一片苍翠。陪同记者来此踏访的卞俶成之孙卞淞告诉记者，胡同口原来有一个临街的大门，现在的胡同原来实际是个大院子。

另据出生在这里的卞俶成之子卞学铖回忆，"友爱村"约建于 1938 年左右。这里抗战后的门牌为镇南道 169 号，解放初又改为睦南道 97 号。当时大门口还挂有玉石雕的"友爱村"匾牌。

走进胡同，右首平房是今睦南道 87 号余门，即是卞俶成的居所，卞学铖等几个年龄较小的孩子，随父母居住在这里；左首是今睦南道 81 号及 81 号余门，由卞俶成长子卞学鉴一家居住；正对着胡同的是今睦南道 83 号和 85 号连体平房，83 号由卞俶成的母亲居住，85 号则住着卞俶成几个已成年的孩子。

卞学铖回忆说，卞学鉴的居所 1953 年卖给了仁利蛋厂厂长陈谦绶，至 20 世纪 80 年代初转售与政府部门使用至今。两座连体平房 1957 年公私合营，成为公产房出租给居民。卞俶成居所作为私产，由卞家的人居住到 1983 年，最后卖给市房屋信托投资公司。

1952年6月1日，卞俶成就是在此病逝的。记者来到这里时，大门紧闭，空无一人。据邻居说，已很长时间没有人了，此前曾有一家公司在这里办公。

与"友爱村"相邻的，今睦南道79号，是一座典雅庄重的四层楼房。这里也是卞家旧宅，由卞树榕的三哥卞树华的曾孙卞益新、卞颖新和曾孙女卞玉新、卞文新合建。该楼实际是四座结构相同的连体楼，建于1932年。新中国成之之初拍卖，曾由军医大学使用，现为天津警备区第二幼儿园。

卞学钺记忆中的父亲十分严厉，他和哥哥们经常因淘气挨打。以致后来一听到父亲的拐杖声，心里就发慌。

诸子大多学有所成

卞俶成有9男4女，共13个孩子。他们中绝大多数都学有所长，有的还成为知名专家。

长子卞学鉴，1910年生。著名皮肤科专家。中学就读于南开中学，后在北京协和医学院毕业。新中国成立前在天津恩光医院工作，并在小白楼开封道的起士林旁边开了个"卞学鉴诊所"。其居处镇南道友爱村的大门口，悬挂有"医学博士卞学鉴"牌匾。新中国成立后公司合营，进入纺织医院工作，任皮肤科主任。天津市政协委员。1979年在津去世。

次子卞学鑫，1915年生于美国纽约。归国时在船上患病，因医治不及时留下后遗症。他字写得很好，1969年4月6日在津去世。

三子卞学锐，1917年生。曾就读天津新学书院，1941年毕业于天津工商学院土木系。1945年赴美国留学。毕业后在美国工作，先从事土木工程，后执教于密执安及亚利桑那州立大学，著名结构工程师。晚年定居亚利桑那州首府凤凰城，今年3月去世。

四子卞学镐，1919年生。天津南开中学毕业后考入清华大学，后毕业于西南联大。1943年赴美留学，先后获麻省理工学院硕士、博士学位。1966年任麻省理工学院航天系教授，美国国家工程院院士。著名流体力学专家，受聘于世界数十所大学的名誉教授。现居美国波士顿，几乎年年回国内讲学。

五子卞学铃，1921年生。天津新学书院毕业后考入辅仁大学化学系。1946年移居台湾，1958年赴美国深造，获有机化学博士学位。曾在哈佛大学任教。著名医学和生物化学专家，美国化学学会和工程学会会员。曾与夫人范蘩设立范蘩与卞学铃教育基金会。1994年在美国波士顿去世。

六子卞学镇，1924年生。中学在天津新学书院毕业，1949年辅仁大学经济系毕业。后入中国人民大学贸易统计专修科。毕业后分配到粮食部，此后一直在粮食系统工作。1980年筹建南京粮食学院（今南京经济学院），任教授及系主任。江苏省政协委员。2001年在南京去世。

七子卞学锜，1927年生。中学就读天津新学书院。中国人民大学毕业后，在中央银行工作。后赴沪参与话剧和电影的演出。曾在《再生凤凰》《光辉灿烂》《乔厂长上任记》中出演角色，后到武汉话剧院工作。湖北省政协委员。2003年在武汉去世。

八子卞学镛，1942年生。在天津市第41中学毕业后，进入二机局半导体器件厂工作。1992年8月移居澳大利亚。

九子卞学钺，1944年6月3日生。在天津市第34中学高中毕业后，长期在天津市药材公司（今天津市中新药业股份有限公司）工作。2004年退休。连任天津市第八、九、十、十一届政协委员。

卞俶成的四个女儿均已离世。长女卞学锦，是天津医学院教授，丈夫王鹏云是河北大学教授。次女卞学钧，丈夫林彼得为美国旧金山侨界领袖。三女卞学铨和四女卞学銮，均在十几岁时夭折。

按：本文为"天津小洋楼的故事"第11篇，刊于2005年6月20日《今晚报》第32版"滨海·乡情"（《今晚滨海》专版第410期）。

张克忠 化学工程专家、教育家。字子丹,1903年1月16日生于天津。祖籍河北省静海县(今属西青区)。幼年丧父,随母寄居外祖父家。1915年天津模范小学毕业,入南开中学。1921年考入唐山交通大学,1922年复考入南开大学。1923年,入美国麻省理工学院攻读化学工程;1928年,获博士学位,归国后受聘南开大学教授。1929年创建应用化学研究所,任所长;1931年8月创建化学工程系,任主任。南开大学工学院成立后,又兼任工学院院长。1934年创建南开化学工业社,后改为应用化学研究所试验工厂。1937年辗转到重庆,兴办南开化工厂。1937年至1942年,任重庆黄海化学研究社研究员。1942年至1945年,任昆明化工厂厂长。抗战胜利后至青岛,参与接管敌伪化工产业。1947年4月返天津,继续担任南开大学工学院院长和化工系主任,并恢复应用化学研究所。新中国成立后多次应周恩来总理邀请赴京,讨论中国化学工业和化学工程发展问题。1951年9月,主持成立天津市工业试验所,任所长。1954年3月25日去世。1951年当选为天津市第二届人民代表会议代表。主要著作有《无机化学工业》《有机化学工业》《工业化学》(第一、二、三册)等。其博士论文提出的扩散原理,被命名为"张氏扩散原理",至今仍广泛应用。

> 作为中国化学工业的摇篮，20世纪二三十年代的天津人才荟萃，其中我们应该记住一位化学工程专家的名字——

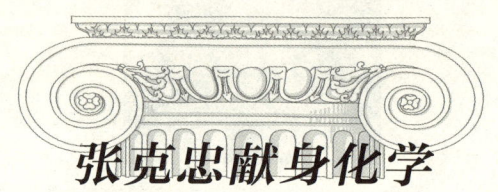

张克忠献身化学

作为中国化学工业的摇篮，20世纪二三十年代的天津人才荟萃，我们可以列举出范旭东、李烛尘、侯德榜、陈调甫等许多为中国化工事业做出贡献的名字。在这些人中，我们应该记住的还有一位，就是著名化学工程专家、南开大学张克忠教授。

博士论文震惊世界

1903年1月16日，张克忠生于河北省静海县大泊村（今天津市西青区王稳庄镇建新村）。他早年丧父，随母亲杨氏住在家境并不宽裕的外祖父家（在今西青区南河镇姚村，后迁居天津老城西南角），靠母亲含辛茹苦做女红生活。

张克忠与母亲杨氏

张克忠从小聪明好学,小学毕业后考入南开中学。校长张伯苓非常喜欢这个学生,特别准许他免费就读,又因为他长于数学,破格让张克忠当寒暑假数学补习班的教师。这样,小小年纪的张克忠就有了双重身份,既是学生又是教师。张伯苓开明的政策,使这个后来的化学英才没有因贫困辍学。

张克忠中学毕业后,正处于草创阶段的南开大学尚不具备招收数理科学生的条件,张克忠只好就读于唐山交通大学。1922年,南开大学迁入八里台新校舍并设立数理科系,张克忠重新报考,成为南开大学最早的文理混合班学生。

同年,南洋兄弟烟草公司董事长简氏兄弟设立"简氏奖学金",资助中国大学毕业生赴美深造。张克忠当时才大学一年级,本来没有资格报考,爱才如命的张伯苓亲自跑到简氏基金招考机构力荐。张克忠被破格允许参加考试,年龄最小、学历最浅的他脱颖而出,考试名列第一。1923年,张克忠得到简氏资助赴美留学,进入著名的麻省理工学院,攻读新兴的化学工程学科。

麻省理工学院被称为"化工鼻祖"的著名教授路易士(W. K. Lewis)非常惊讶张克忠数理化功底和英文水平,亲自指导张克忠。五年后,张克忠戴上了博士的桂冠。1928年,麻省理工学院在授予张克忠博士学位的同时,出版了其博士学位论文《扩散原理》。此书在国际科学界引起轰动,张克忠提出的"扩散原理"被命名为"张氏扩散原理"。这时张克忠只有25岁。

倒在了科研第一线

张克忠毕业后,路易士教授非常想把这位得意门生留在麻省理工学院,先后三次为他安排职位。但为了报答母校培养,张克忠毅然放弃高薪,接受张伯苓校长聘请,回到南开大学任教,成为当时南开最年轻的教授。

回到南开大学后,张克忠先后创办了应用化学研究所、化学工程系和南开化学工业社等。草创时期的应用化学研究所十分简陋,设在教职员宿舍的锅炉房附近,只有几间低矮的小平房,屋里是式样各异的旧桌子和长板凳。后来实在不敷应用,才搬到理科教学楼——思源堂的一间大教室。所里人员非常精简,最多时不过15个,其中包括著名化学家邱宗岳、杨石先和高长庚教授等。

应用化学研究所创办伊始就立足解决实际应用问题,很快就产生了经济和社会效益。1933年6月,应化所接受了天津利中硫酸厂的设计建设任务。1934年5月,年产3万吨硫酸的利中酸厂一次试车成功,总耗资仅13万元,只是此前外商要价的一半。硫酸厂的建成,大长了中国化工科技人员的志气,外国同行也发出由衷的赞叹。20世纪30年代中期,张克忠的应用化学研究所"买卖兴隆",与何廉主办的经济研究所,一起被戏称为南开校长张伯苓的两颗"掌上明珠"。

1937年7月29日,日本侵略者炮轰南开大学,张克忠开始辗转西南各地。1947年,南开大学复校不久,张克忠重新回到学校,继续担任化工系主任并重建应化所。

新中国成立后,校友周恩来非常关心张克忠的研究工作和中国化工事业的发展,特别邀请他参加了中国人民政治协商会议第一届会议,并列席最高国务会议。

1951年,天津工业试验所成立,张克忠不顾体弱多病,负责该所工作。他主持研制的一种橡胶促进剂可代替进口产品,填补了中国的一项空白,为新中国节省了大量外汇。

张克忠20世纪40年代初就患有高血压,曾因工作劳累多次昏倒。1953年秋,他因高血压半身瘫痪,卧床长达半年。后来虽有所好转,但仍需拄杖行走。此时他仿佛感到了生命的有限,每次头痛发作后,都稍事休息就又全身心投入到工作中。

1954年3月24日,张克忠下厂主持一项新产品试制工作的汇报。会后感到极度不适,血压高压接近三百,打针服药后回家休息。第二天早晨,张克忠自我感觉良好,又扶杖去工业试验所主持有关项目讨论。上午11时,张克忠体力不支,当即昏迷在会场。下午17时20分,经抢救无效与世长辞。

化工界的先辈李烛尘先生,为张克忠主持了追悼会。李先生还特别撰赠挽联一副:"格物擅化成,利用厚生,为工业建邦致力;斯人从此别,功重盛世,惟山阴闻笛兴悲。"另一位化工专家陈调甫也赠送了挽联:"沽上制碱造铝,忆剪烛西窗,共商发展新黄海;蜀中提梓取溴,决支援抗战,图谋恢复旧神州。"对张克忠一生功业作了高度评价。

避战乱寓居五大道

今睦南道37号和39号是一对外观相同的"鸳鸯楼",37号即是张克忠曾经居住过的地方。

据张克忠的三子张松岳先生介绍,"鸳鸯楼"是其舅舅王会宾于20世纪30年代设计建造的,是其外祖父家的房产。王会宾是其母亲王端驯的哥哥,与张克忠是南开中学同学,后来又一起就读于美国麻省理工学院。

张松岳说,张克忠搬入睦南道是在1948年,当时正值天津解放前夕，时局混乱，社会动荡，感到住在学校不十分安全，全家遂从南开大学百树村搬到了五大道。两座"鸳鸯楼"中，张克忠所居是靠近新华路方向的一所，右邻是"天津八大家"之一的穆家，左邻就是"鸳鸯楼"中的另一所，住的是王端驯的弟弟王端华。

张松岳回忆说，张克忠在睦南道住的时间并不算长，大约只有三年左右光景，之后就搬到桃园村大街了。但这段时光给张松岳留下了十分美好的回忆。

两所"鸳鸯楼"，每所前后各有一个小院，楼后小院再向外，还有一个公共的大院子，其实就是一块空地，有好几亩大。张松岳说，后面的大院子，是他与小伙伴做游戏的好场所。当时家里有一个保姆，是静海县唐官屯人。保姆的哥哥是个种地的好把式，每年都在空地种

睦南道 37 号张克忠旧居

上棒子、毛豆等，夏季一片葱绿，十分好看。庄稼收割后，张松岳与小伙伴就更开心了，经常在秫秸垛里玩捉迷藏。

张松岳说，张克忠的书房设在小洋楼二楼，其《化学工程》一书，有很大一部分就是在这里完稿的。读书之余，张克忠有时还把一些化学实验拿到家里来做，有一次不小心还烫伤了嘴。

另外有一件事张松岳记忆很深，就是 1949 年初天津刚解放时，有一个国民党溃兵躲进了楼中的地下室，家里人十分害怕。后来在张克忠劝说下，那个溃兵终于拿着枪向解放军投降。

张克忠十分喜欢侍弄花草。张松岳说，这是张克忠修身养性和缓解工作紧张的好办法。张克忠在小院前后种了很多花，还有10棵葡萄，每到收获季节，果实十分诱人。后来，友人送给张克忠七八只鸡，是澳洲品种，高达半米，有黑有红，家人就戏称其为"澳洲黑""澳洲红"。种花养鸡从来都是张克忠亲自动手，鸡粪是上好的花肥。张松岳说，澳洲的鸡下蛋特大，很招人喜欢。但这些高大威猛的家伙也会啄人，令他们这些小孩子很害怕。

子女在津平静度日

张克忠的夫人名叫王端驯，1907年生。就读于著名的天津女子师范学院附属小学，曾参加邓颖超组织的讲演队，并在爱国募捐话剧演出中出任角色。后考入南开大学数学系，毕业后与张克忠结为伉俪。1955年至1957年间曾在天津女一中（今海河中学）任数学教

张克忠之子张松岳

师。1993年在天津去世。张克忠与王端驯有三个儿子。

长子张松寿，1933年生，1937年8月在日本侵略军的战火中，因患脑膜炎无法及时救治夭折。

次子张松龄，1934年生。先后就读于天津南开中学、北京地质大学，毕业后到甘肃省工作。后调至天津大学冶金分校任教，又调天津图书馆工作。1994年退休，现居天津。

研究馆员。

三子张松岳,1942年生于重庆沙坪坝。1954年天津培育小学毕业,1960年耀华中学毕业,之后进入大明电机厂工作。又入天津市化工局职业学校读书,1966年毕业后分配至四新油漆厂,后调天津市广播电视中等专业学校从事电教工作。2002年退休,居天津。高级实验师。

张克忠和王端驯还曾抱养过一个女儿,名叫张松慧,今年50多岁。她毕业于南开大学分校,学习精密仪器专业,曾先后在天津市复印纸厂、天津市钟表厂等处工作。

附:张克忠故居

抗战前张克忠长期居住在八里台南开大学教工宿舍百树村46号。1947年返津后住百树村36号。

1948年搬入睦南道63号(今37号)。该房本为其夫人王端驯母家房产,由王端驯之兄王会宾设计,建成于20世纪30年代。三层尖顶带地下室,有锅炉等附属设施,前后有院落。现由天津开发电力公司使用。

20世纪50年代初又搬入马场道桃园村大街105号,为四户联体楼房中的一幢。张在此一直居住到去世。此房约在2003年前后拆除。

按:本文为"天津小洋楼的故事"第6篇,刊于2005年5月16日《今晚报》第30版"滨海·乡情"(《今晚滨海》专版第385期)。

严复 福建侯官人。初名体乾、传初,改名宗光,字又陵,后又易名复,字几道,晚号愈野老人,别号尊疑,又署天演哲学家。咸丰三年(1854)十一月十日生于福州。特赐文科进士出身,中国近代著名启蒙思想家、翻译家、教育家。严复早年就读福州马尾船政学堂,1877年到1879年被公派到英国留学。曾在天津工作了20年。严复是第一位系统翻译西方政治、经济及自然科学方面著作的翻译家。主要译著有《天演论》《原富》《群己权界说》《群学肄言》《社会通诠》《法意》《穆勒名学》《名学浅说》等。1921年10月28日,在福州郎官巷住宅与世长辞。墓地位于福建省福州市盖山乡阳岐村北鳌头山东麓,为福建省级文物保护单位。

> 中国近代著名启蒙思想家严复,在津至少有
> 两处相对固定的居所,其具体位置都曾扑朔迷离,
> 给研究天津地方史的专家带来不少麻烦——

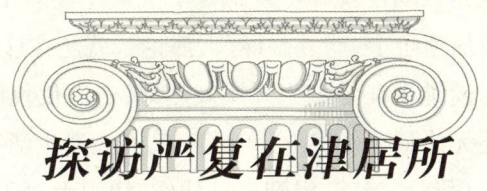

探访严复在津居所

严复在天津翻译的《天演论》,是中国近代最重要的思想启蒙著作。今年恰逢这部译作问世110周年,前不久中外学者汇聚南开大学,就此进行了专题学术研讨。研讨会期间,记者采访了严复的孙女严倚云女士。

从1880年应李鸿章之邀到北洋水师学堂(今东局子解放军交通运输学院址)任教习,到1900年八国联军攻陷天津时离开,严复前后在天津生活了20年。此后,严复又多次到过天津,并或长或短地居住过。严复初到天津时,是单身前来,应该住在北洋水师学堂的宿舍中。后来他在天津至少有过两处相对固定的居所——大狮子胡同严公馆和海大道德源里,这两处旧居的具体位置都曾扑朔迷离,给研究天津地方史的专家带来不少麻烦。

译《天演论》处建起天演广场

去年国庆节,新修的天津古文化街正式开业,其中有一处引人注目的景观就是天演广场和严复铜像。天演广场就坐落在原大狮子胡同严复故居遗址上,严复翻译《天演论》,就是在这里完成的。

严复故居遗址现在已经为天津人熟知,然而仅仅两三年前,严复故居遗址还无法最终确定。1894年,已在天津生活了14年之久的严复给陈宝琛写了封信,提到自己住在"津卫大狮子胡同大甡号严公馆"。严复自报家门,明确指出居住所在,应该没有什么疑问,但麻烦在于天津有两个大狮子胡同,一个在南开区东门外宫北大街,另一个在河北区粮店后街。这两个大狮子胡同,中间隔了一条海河。

严复故居究竟在哪?天津地方史专家林开明先生曾判断在粮店后街。林开明的根据是一张地图,图上有一条从东局子(即严复工作的北洋水师学堂所在地)经过粮店后街直通到海河边的小铁路。林开明认为很可能是严复上班时乘坐火车。但后来林开明又否定了这一看法,并另外认定严复故居遗址在南开区宫北大街。

曾有人据"津卫"两个字,判断严复故居在老城里附近。但林开明介绍说,"津卫"是天津卫的简称,是天津市的代名词,并不能据此明确严复故居所在,因此必须寻找新的线索。严复在给友人的信中,提到给他的信件等寄到大甡号就可以了,可知大甡号非常知名且离严公馆很近。后来林开明先生在关于1860年第二次鸦片战争的记载中,终于查到了大甡号位置,这个字号就坐落在宫北大街。

古文化街天演广场严复坐像

尽管在文献中没有记载大甡号建立的时间,但即便是从 1860 年算起,到严复发信时的 1894 年,也已经有 34 年之久,因此这个字号应该广为人知。据此可知严复故居在南开区大狮子胡同无疑。

有关文史专家后来又进行了实地考察,确认严复故居遗址在古文化街大狮子胡同 1 号。据知情人介绍,遗址处的"联甡斋"前身是"大甡书局",就是更早的"大甡号"所在地。1899 年邻家失火,严公馆"居室半毁,不堪更住",严复遂从这里搬离。后来的建筑,在古文化街改造过程中被彻底拆除,建起现在的天演广场。

德源里居所曾属詹天佑

据记载,严复从大狮子胡同"严公馆"离开后,搬至"海大道德源里"居住。那么德源里的位置到底在哪?著名天津地方史专家张绍祖等,对这个问题曾做过具体考察。

据了解,本市和平区历史上有过三个德源里:一处在今新兴路南段东侧,约建于 20 世纪 30 年代中期,1976 年地震时损坏,1977 年拆建后成为迎新里的一部分;一处在今湖南路中段西侧,1927 年由亨大公司购地并建房成巷,后卖给刘锦昌,以刘的堂名德源堂命名为德源里,1982 年更为今名德旺里;一处在今建设路中断西侧(唐山道与保定道之间),胡同东临建设路,西端不通行,长 33.5 米,宽 3.5 米,1982 年改称源茂里至今。

海大道即今大沽路,显然新兴路德源里和湖南路德源里离这里太远,况且其建成时间远在严复去世之后,因此可以肯定与严复无关。至于建设路德源里,属于旧英租界,张绍祖等先生推断,这里就应当是严复旧居所在地。

张绍祖介绍说,建设路旧称达文波路,在19世纪末尚未开辟,属于海大道(大沽路)西侧,故有"海大道德源里"之说。1900年6月,八国联军进攻天津城前夕,严复全家从此离津迁居上海。因为是仓促逃难,严复在德源

源茂里4号严复居所

里的所有书籍俱未携带,他曾经说:"津寓为法兵所占入,书籍文稿散失不少。"另据严复《戊申日记》记载,德源里还是天津闽学会所在地。1908年10月11日,严复曾出席天津闽学会在德源里召开的欢迎会。另据了解,著名女词人吕碧城也在这里居住过

严复德源里旧居问题至此似已解决,但近日记者查看《天津市地名志·和平区》时,又发现了新的疑问。据该书记载,今建设路源茂里"1917年由詹天佑家营建",如果这一说法准确,那严复所居德源里显然又没有了着落,他老人家显然不能住在死后才建成的房子里。带着这个重大疑问,记者近日又到源茂里进行了实地考察采访。

据了解,老的德源里包括今建设路40号、42号及源茂里1号至4号,共有6所两层青砖小洋楼。另有源茂里5号,是新中国成立后搭盖的临建平房,与老的德源里无关。记者在采访过程中发现,所有居民一致肯定:德源里是詹天佑家的宅子,其中还有人说居者是詹天佑的如夫人,另外还坐实说詹天佑在今建设路42号

居住过。

记者问起是否听说过严复在德源里居住时,居民大多摇头,只有一个人称严当年住今源茂里4号的二楼。那么,如何解决德源里建于1917年,而严复1899年就曾在这里居住这一矛盾呢?记者在考察采访中获得了如下两点线索:一个是居民王寿鸿告诉记者,今建设路40号、42号是两所夹着胡同对称的楼房,1917年詹天佑居此时,曾将42号左侧临街处加盖了一部分,成为今天的样子;另一个值得关注的线索是,老德源里的6所楼房,墙基和墙体破损程度,远超过同时代的其他同类建筑。根据以上两点,我们暂时可以作如下推测:"海大道德源里"始建于19世纪末期,闽学会曾在此办公,严复曾在此居住;1917年詹天佑家购得此处房产并进行了部分改造,由此引出"詹天佑家营建"的误传。

三子叔夏成了知名学者

在严复的子女中,最有名的是三子严叔夏。叔夏本名琥,又名普贤,以字行。他光绪二十三年六月初七(1897年7月6日)出生在天津,先后就读于清华大学、唐山工业专门学校。

严叔夏作为知名学者,自幼就受良好的家庭教育,不仅在淹通经史、诗文、哲学、外语及自然科学等诸多学科,而且书法、绘画、篆刻等亦出手不凡。青年时期,严叔夏的学识就远远超过许多同龄学生。1917年,刚刚20岁的他获得江西心远大学文学士学位。

1918年12月,严叔夏随严复自北京回到祖籍福州阳岐乡。同月24日,由末代皇帝溥仪的师傅陈宝琛做媒,他与台湾首富林本源家族的林慕兰(陈之外甥女)订婚。1919年元旦,在阳岐玉屏山庄举行了结婚典礼。婚后,严叔夏夫妇迁居福州郎官巷,生有三子四女。

在郎官巷生活期间,严叔夏继续读书问学,其间曾到私立福州中学当义务教员,又去私立福建学院任文科教授。到了1937年,他应福建协和大学林景润校长的邀请前往该校任教。抗日战争爆发后,他放弃随夫人往上海过富裕生活的机会,毅然携二子迁居闽北山区邵武,过着十分清苦的生活。抗战胜利后,他回到福州,执教福建协和大学。

1949年福州解放后,他被师生们选为协和大学校务委员会主任委员。1951年协和大学与华南女子文理学院合并,严叔夏转任两校合并接办筹备委员会副主任委员。同年4月,福州大学成立,任校务委员会副主任委员。1952年,任福州市副市长。1962年9月22日,严叔夏因气喘与心脏衰竭并发症病逝。

严叔夏治学严谨,学问渊博。他在大学任教时,先后开设过国文、中国文学史、中国文化史、哲学概论、老子研究等几十门课程,可见其学术造诣之深广。不过他平生持不写书、不留名主义,故而除在从教期间写下的讲义外,其他遗著并不多见。为此有人对其著作进行了专门搜集整理,虽然不多,但学术上的价值却不可低估。其中,严叔夏关于李商隐诗的研究,尤其堪称力作。

孙女回忆早年生活细节

记者采访的严係云,是严复的长孙女,其父即严复的长子严璩

2005年10月30日采访严复孙女严倞云时留影

（字伯玉）。现今在世的严复后人中，严倞云是唯一与严复有过共同生活经历的人。

1916年袁世凯死后，国会要求惩办祸首，曾支持帝制的严复为此避祸天津。严倞云1917年出生时，严复正在津与长子严璩住在一起。严家当时居住的具体地点，严倞云说因为太小，没有任何印象了，也从未向长辈们问过这些事。大约1919年，严倞云两岁多的时候，与父亲一起随严复迁居北京察院胡同，住了一年左右，又迁居大阮府胡同。

严倞云告诉记者，她的名字就是祖父给起的。严倞云回忆说，她临出生时，严复一直在房外来回地踱步。作为第一个出生的孙辈，严复非常希望这个隔代人是个孙子。当听说儿媳生了个女儿时，严复不由长叹了一口气。严倞云回忆说，严复不久就高兴起来了,因为家庭添丁进口,总归是件喜事。严复说女儿算是半个"孙",因此名字中要有"系",又因此前他有个干孙女严佩云,于是就在"系"前加了个"立人",以与"佩"字相协调。

虽然今年已88岁高龄,但对于幼年与祖父在一起生活的细节,严倸云仍保留有部分记忆。作为长孙女,严倸云很得祖父宠爱,天天都要坐到严复的腿上,不让祖父看书或写东西,这时祖父就拿出零食哄她玩。严倸云说,严复的书房中有一张很大的书桌,大理石台面,靠着窗户,上面摆着文房四宝等,非常整齐,但她经常会把桌面弄得混乱不堪。

严倸云说,严复的客厅,挂着其自书的"愈野堂"横额,因为严复晚年曾自号"愈野老人"。新中国成立后,严倸云手中还保留有不少严复的各类手迹,但现在已所剩不多了。

1920年,严倸云三岁多的时候,严复因哮喘病久治无效,回到福州养病。1921年,严复在福州郎官巷与世长辞。严复离开天津南返时,严倸云只有三四岁,但对祖父还留有一些模糊的印象。严倸云说,当时严复咳嗽得很厉害,她也知道祖父要走了,因此那天很晚了仍不肯睡觉,她对祖父说:"我要送你!"结果严复说:"你先睡,我走时会叫醒你!"严倸云说,结果在她熟睡时严复就走了,这就是她与祖父的最后告别。

按:本文为"天津小洋楼的故事"第22篇,刊于2005年12月5日《今晚报》第31版"滨海·乡情"(《今晚滨海》专版第529期)。

刘春霖 字润琴。1872年生于直隶省(今河北省)肃宁县付佐乡北石宝村。1904年以考取清末光绪甲辰科状元一举成名。清末历任翰林院修撰、福建提学使、直隶法政学堂提调。民国成立后,在北洋政府任大总统秘书、中央农事试验场场长、直隶教育厅长等职。又曾在保定经营书局业务,并创办直隶书局和群玉山房等。20世纪二三十年代,刘春霖长期寓居平津。1939年赴北平定居并就医,1942年1月18日病逝。

延续一千三百多年的中国封建科举考试制度产生的最后一位状元,曾经长期在天津寓居——

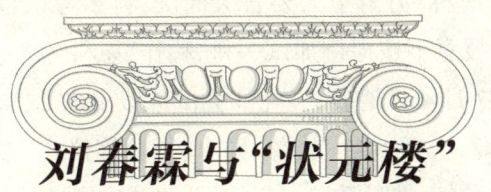

刘春霖与"状元楼"

在中国延续了一千三百多年的封建科举考试制度,1904年产生最后一位状元刘春霖,曾长期在天津寓居。近日记者踏访了这位末科状元在津的生活遗迹并采访了有关人士。

因名字吉利慈禧亲点状元

刘春霖是直隶省肃宁县付佐乡北石宝村人。他家世代务农,父亲先后在济南、保定府衙当差,母亲在知府家中做女仆。刘春霖幼时跟父母在济南生活,6岁时回到老家,由哥嫂抚养。刘春霖8岁入私塾读书,因天资聪颖学习刻苦,深受老师喜爱。后来父亲把他带到保定,入莲池书院读书。他学业长进很快,不久即得到书院院长、著名散文家吴汝纶赏识。

刘春霖于光绪甲辰年(1904)中了状元,转年因清政府宣布废除科举,他成为中国封建科举考试制度下的末科状元。

依照常规,科举考试三年一次。光绪癸卯年(1903)刚刚进行过会试,下科应在丙午年(1906)举行。但转年甲辰年(1904)是慈禧太后七十大寿,时称"万寿节",要普天同庆,科举考试自然也不能例外,遂在慈禧授意下按惯例加试一科,称作"恩科"。

1904年7月4日清晨,经礼部会试选拔出来273名贡士,进入紫禁城保和殿,历经点名、散卷、赞律、行礼等仪式,参加由皇帝主持的殿试。与刘春霖联系在一起的,关于这次殿试的传闻颇多。

据说甲辰恩科主考官在阅评完殿试试卷后,从273份试卷中选出10份,并按名次排好,呈送给慈禧太后"钦定"。会试第一名本为谭延闿,可因其与参与变法的"戊戌六君子"谭嗣同同姓,主考官担心慈禧怪罪,就把谭的试卷扣留下来,而把广东人朱汝珍的试卷排在了第一位,刘春霖的试卷排在第二位。

相传慈禧首先看到"朱汝珍"的名字时,由"珍"字联想到为她所害的珍妃,心中不由陡升厌恶。再看朱汝珍的籍贯为广东时,更是怒火中烧,因为太平天国的洪秀全、维新变法的康有为和梁启超,还有高举反清大旗的孙中山等"叛逆者"都是广东人。于是慈禧把朱汝珍的试卷扔到一旁。

第二份试卷字体清秀俊丽,慈禧十分欣赏。一看试卷的署名"刘春霖",心中不禁大喜,连声说道:"刘春霖,春霖,春霖,这个名字起得好!"因为这一年全国大旱,正急盼一场春雨。再看刘春霖的籍贯"肃宁",寓意肃静安宁,这对摇摇欲坠的清王朝来说,无疑是个"吉兆"。于是慈禧朱笔一挥,将刘春霖点为头名状元,朱汝珍只好屈居第二了。

为奉养老母建起"状元楼"

刘春霖中状元后，很快声名鹊起，播于海内外。此后他曾宦游各地，但居住时间最长的还是平津，并在两地置有房产。他在天津最有名的寓所，就是"状元楼"。

20世纪20年代，为安置年迈的母亲，刘春霖萌生在津安居之念。他选中今河北区天纬路西窑洼地方，建起一所带庭院的中式楼房。这所宅子虽然不是富丽堂皇，但在当地来说也是鹤立鸡群，十分惹眼。据说门前曾悬"状元第"匾额，故被人们称为"状元楼"。

"状元楼"为砖木结构，与子牙河相邻，坐南朝北。院内分前楼和后楼两个部分，楼的

拆除前的状元楼

上下及两侧均有走廊相通。前楼临天纬路,二层五间通屋,拱券式大门;后楼临河,楼顶有晒台,可观景纳凉。院内走廊、栏杆、门窗、檐柱、花墙等处,多饰以彩绘和砖雕。院中还有大槐树4株。

"状元楼"建成后,刘春霖作为寿礼将母亲接来养老,而本人居住在这里的时间并不多。他与天津神功药房经理张伯麟居士友善,居津期间最喜与老友盘桓,因此多住在张伯麟在法租界德邻里的寓所,并经常参加"打八圈"的小牌消遣等。

关于刘春霖在津活动情况,我们今天所知很是零散,但从中仍可看出他与天津的密切关系。虽然受的是传统科举教育,但刘春霖却绝不是守旧的人,有时甚至能得风气之先。

光绪三十二年(1906),清政府颁布《预备仿行宪政》上谕,资产阶级立宪派取得合法地位,天津先于各省筹办地方自治。天津各界公推刘春霖领衔,组成代表团晋京向清廷递送速开国会请愿书,推动了立宪请愿活动的开展。

光绪三十三年(1907),刘春霖妻子去世。他只为妻子举办了简单的丧礼:不延请僧道诵经,不使用纸人纸马;原定初六日发丧,因赶上大雨,遂改为初七日。这些改变丧葬习俗的举措,在当时都是振聋发聩的。为此《大公报》还以《丧仪文明》为题进行报道并给予了肯定。

刘春霖居津时,还与儒林友好章一山(梫)、金息侯(梁)、王仁安(守恂)、赵幼梅(元礼)等,多有诗酒之会,互相吟诗唱和,为天津诗坛增添了佳话。

刘春霖工楷书,字极秀丽,得者宝之。他在天津曾以卖字的润笔为生,多次为商铺题写匾额等。老城北门里是珠宝店铺集中之地,竞争十分激烈。"世华金店"特延请刘春霖书写招牌,一时轰动津城。此外,他还为估衣街"联升斋鞋帽店"、东门里冰窖胡同李善人家药店等题写过匾额。刘春霖书法以小楷最为著名,出版有《大唐三藏圣教序》《兰亭序》等小楷字帖多部,至今仍广为流传。

1937年"七七"事变后,平津沦陷,时刘春霖正居住在北平家中。大汉奸王揖唐(与刘春霖是同科进士、赴日本留学时的同学),想借刘春霖的"状元"之名作招牌,邀其出任北平市市长,王百般动员说服,被刘严词拒绝。日伪恼羞成怒,第二天即抄了刘家,并用刺刀把全家人赶出宅门。后刘出重资托人说情,才被允许回到北平家中。

另据民间传说,刘春霖是天津最早骑自行车的人。此外,还有"庚子事变"后,刘春霖家产一空,曾上街蘸卖糖堆的轶闻。

1939年天津大水灾后,刘春霖彻底离开天津,赴北平居住。他患有心脏病,经受日伪打击后,病情逐渐加重,于民国三十年十二月初二(1942年1月18日)逝于北平寓所。

"状元楼"现已成一片废墟

近日,在河北区委宣传部王勇则先生陪同下,记者来到"状元楼"的遗址考察。这里现在已是一片废墟,原来的"状元楼"址上,只残留有大小不一的水泥疙瘩。"状元楼"旁狭窄的李公祠大街,现已拓建成宽阔的马路。放眼数百米外,还可看到两行浓荫中间所夹的原始李公祠大街的面貌,据说这里不久也将彻底拓建。

据王勇则介绍,两年多以前,"状元楼"还残存有部分建筑。原来1939年刘春霖迁居北平后,"状元楼"租与诚孚管理有限公司。

2005年8月19日作者踏访状元楼废墟时留影

20世纪40年代,这里被人以10根金条(一说24根金条)的价码买走。状元楼产权属李宗钰,李利用这所带院落的楼房,开设了玉成铁工厂。不久又有杨姓、周姓、殷姓陆续搬入,并划分了宅基地。

抗战胜利后,该楼曾被占用为恒源公司美国工程师住宅、国民党当局戒烟所、第62军政治部所在地等。1949年天津解放后,李宗钰经营的铁工厂,同其他几家铁工厂并入白庙工业区鼓风机厂(今天津市鼓风机总厂),从此"状元楼"变成企业产,充作职工宿舍。

1953年拓宽河沿路(今李公祠大街)时,"状元楼"部分被拆除。本来"状元楼"从北面天纬路一直延伸到南面子牙河畔,河沿路拓宽使建筑格局大改,街道从庭院中穿过,临河一面的后楼被拆除,幸存的前楼对着河一面,开了一个小门,新门牌是李公祠大街48号,全楼各住户均由此出入。

2003年,残存的"状元楼"前楼被彻底拆除前,门牌号是天纬路167号。当时楼上楼下结构均已改变,被分割成18间,由17户居民住用。从天纬路的拱券大门和楼墙上,仍可依稀地看出其当年面貌。

另据王勇则介绍,"状元楼"前楼拆除时,幸存的一株老槐树依然枝繁叶茂。同时还发现了"泰庆堂杨界"和"懋莲堂周"两方宅界碑。为杨、周两姓居此提供了佐证。

刘春霖后人的情况，笔者了解得不多。从近年发现的刘春霖家书中，我们可知道他至少有刘式譔、刘式中两个儿子。另外，还知道他有一个女儿叫刘沉颖，曾嫁给民国时著名通俗小说家徐枕亚。

徐枕亚是江苏常熟人，民国初因撰写小说《玉梨魂》一举成名。《玉梨魂》描述的是一出哀感顽艳的爱情悲剧，带有自叙传性质。刘沉颖在北平读了《玉梨魂》和徐枕亚悼念亡妻的词作后，内心被深深打动。她由醉心作品而钦慕作者，由与作者通信到恹恹成病。

刘春霖发觉女儿有些蹊跷，就问为什么。刘沉颖遂在枕边取出《玉梨魂》给父亲看。状元郎从没读过这类书本子，只翻了几页就拍案叫绝说："不图世间还有如此才子！"于是托人替女儿做媒，不久徐枕亚就入赘刘府，时徐已将近五十岁，而刘沉颖还只有三十岁上下。

"我曾目睹过状元的风采"

著名史学家和目录学家、南开大学来新夏教授，曾有幸两次目睹末科状元的风采。据来新夏介绍，1937年秋，当时他家住在今哈尔滨道原法国电灯房附近，就近上学，插班进入了私立广东中学（今滨江中学）二年级。当时班上有一个最小的同学，名叫刘大中，是刘春霖的孙子。

来新夏说，时刘春霖住在广东中学对面的一条宽胡同里，胡同两侧都是两层砖木结构连体楼房，刘家所居为两楼两底，独门独院。记者来到现场查考时，发现这里现已成为一片巨大的工地，一

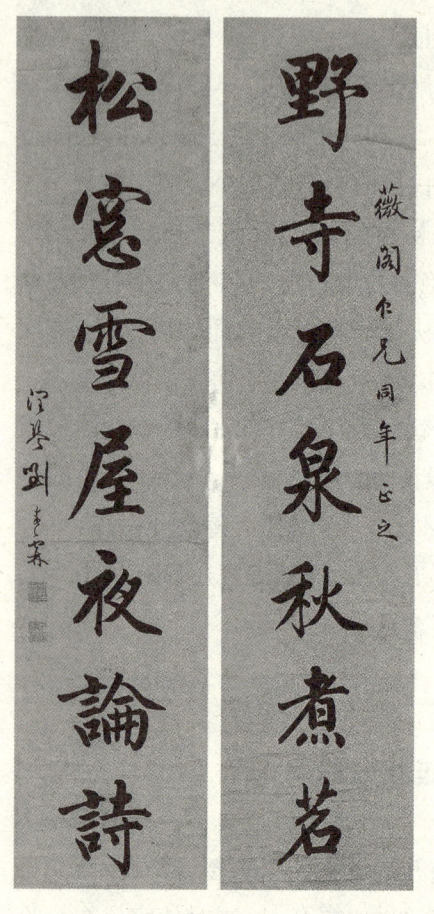

刘春霖墨迹

座新的现代化建筑正在建设之中。

工地的各类宣传标语,没有标明项目的名称。询问参建的民工,也都不甚了然。但居民告诉记者,那条胡同叫和邻里,2000年前后就已经拆除了。记者查询了20世纪90年代的地图,和邻里的说法也得到证实。

这里1929年由法国天主教会建房成巷,普爱堂经营管理,名为德邻里。1982年改名和邻里,取邻居和睦之意。由此推断,刘春霖的这处寓所,很可能就是其友人张伯麟的法租界德邻里宅子。

据来新夏介绍,那时他的同学都是十四五岁的孩子,经常在刘家居住的胡同里玩皮球。对住在这里的"状元",心中充满了好奇。一次就让刘大中带他到家里,看刘的"状元爷爷"。因没有征得家长同意,故此只能偷偷地扒着门缝往里瞧。

后来其他同学知道了,想看状元的人很多,最后刘春霖专门出面"接见"了一次。这次看得真切多了,刘春霖个子不高,圆脸长袍,显得胖墩墩的。至于当时刘春霖说了些什么话，来先生已记不清了。

来新夏还告诉记者，他原来手头收藏有一幅刘春霖的字，没有上下款，现在已不知弄到哪里去了。住法租界时，刘春霖每天练字，写完后就随手抛弃。刘春霖题字润笔不菲，同学们都知道"状元"的字好看值钱，就向刘大中要。于是刘大中把爷爷扔进纸篓的字拿出来，分送给同学。记得刘春霖的字接近颜体，笔画丰腴，有一种富贵之气。

来新夏回忆说，刘家住在法租界的人口可能不多，除了刘春霖和刘大中外，他只见过一个厨子。刘大中出生在1924年或1925年，中学没毕业就转学到了北平，后来考上北京大学。新中国成立后在北京市建设局当工程师，直到退休。2000年，来新夏还曾与刘大中见过一面。

按：本文为"天津小洋楼的故事"第15篇，刊于2005年8月30日《今晚报》第35版"滨海·乡情"（《今晚滨海》专版第461期）。

金梁　金梁号息侯,又号小肃,晚号瓜圃老人。1878年生于杭州,为驻防旗人凤瑞将军之子,满族瓜尔佳氏。汉姓关,名介之。1902年中举人,1904年中进士。历任京师大学堂提调、内城警厅知事、民政部参议、奉天旗务处总办、奉天新民府知府、奉天清丈巨副局长、奉天政务厅厅长、蒙古副都统等。民国成立后,任清史馆校对。后经张作霖保荐,任北洋政府农商部次长。"九一八"事变后来津,与清朝遗老组织"俦社""城南诗社"等各类团体。新中国成立后迁居北京,在国家文物部门任顾问等职。1962年12月27日在北京去世。著述甚丰。

作为晚清遗老重臣,除参与政治活动外,他还以诗书画等名世,作品在近年拍卖会上时有所见——

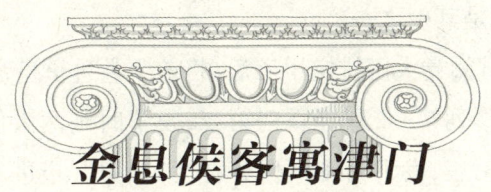

金息侯客寓津门

前面我们讲过末科状元刘春霖及其天津"状元楼"的故事,与刘春霖同科的进士金梁,也曾在天津长期寓居,并在今五大道留有寓所。

金梁号息侯,满族瓜尔佳氏,另有汉名作"关介之"。他是晚清遗老重臣,除参与政治活动外,还以诗书画等名世,其作品在近年拍卖会上时有所见。20世纪三四十年代,金梁在天津寓居近20年。近日记者采访了其居津的曾孙女关大唐、关大秋等并查询了有关资料,对金梁生平中的一些活动作简单介绍。

"痛失三鼎甲"的传说

金梁光绪甲辰(1904年)与刘春霖同科中进士,刘是一甲第一名（状元），金梁是三甲第一百三十九名，两人是"同年"（科举时代同榜录取的进士、举人或秀才，不论年龄大小俱互称同年）。因次年清政府宣布废除科举，故金梁及其同年成为中国封建科举制度下的最后一批进士。关于末科进士有不少轶闻传说，我们曾讲过的"刘春霖名字吉利中状元"是流传很广的一个，下面要说的"金梁痛失三鼎甲"也是其中之一。

传闻殿试阅卷大臣排定甲乙后，将前十卷进呈皇帝御览。本来最初是朱汝珍列第一，刘春霖列第二，发下时则两人位置对调；金梁卷最初列第三，发下时则被摒弃在"三鼎甲"（指进士前三名，即状元、榜眼、探花）之外。

关于金梁被挤出"三鼎甲"有两种说法：一种是说光绪皇帝阅卷时随手翻阅，将次序搞乱，致使金梁痛失探花；另一种传说是掌握清政府实权的慈禧太后欣赏书法喜欢疏淡，阅览排在第三的金梁试卷时，见笔法瘦硬十分欣赏，遂置诸卷首，但慈禧再仔细往下看时，发现其策论有"国家危亡""痛哭流涕"等字样，认为正值自己七十岁万寿大典，言辞很不吉利，结果就将金梁试卷淘汰。

金梁的同年、著名学者商衍鎏（商是末科进士第三名，即探花）针对以上传闻指出，科举考试进呈皇帝的 10 份试卷，按定制贴有黄签并拟有名次，不存在次序被打乱问题。慈禧太后虽掌握实权，但主持殿试的仍是光绪皇帝，慈禧根本看不到殿试试卷。同时，金梁殿试名次是三甲第一百三十九名，根本不在进呈御览十卷之内，就是说无论是光绪还是慈禧，都不可能见到他的试卷，也就不存在与其他人名次颠倒的问题了。

抢救流失"大内档案"

"大内档案"是故宫收藏的明清两朝国家文件档案,包括各种奏折、军机处稿件、皇帝石朱批文件、殿试大卷、各国使节来文、诰封圣旨等,史学价值极高。

1922年前后,北京政府财政空虚,教育部机关连工资都发不出。教育部所属历史博物馆遂请示,决定将故宫大内档案卖掉。

这些档案的出售分两次。第一次当废纸卖掉了明永乐至万历年间档案10余万斤,这批档案从此消失。第二批卖的是明朝崇祯和清朝顺治至宣统时的档案,计14万多斤。

历史博物馆有个姓傅的庶务,常到北京西单牌楼同懋增南纸文具店购买办公用品,于是向同懋增经理程运增透露了信息,程用4050元银元将档案买下。因为量太大,同懋增根本放不下,于是租用广安门善果寺作临时仓库。

据说拉货场面非常壮观,同懋增派出50辆马拉大车,每辆车上都插一面黄色三角旗,上盖"历史博物馆"钤记。车队从天安门内起,一路经长安街,出宣武门,最后到达善果寺。用了十几天,才把这批货运完。

同懋增在善果寺就地零售,短短几天便卖掉一千多斤。这天有两个客人来到同懋增,在琉璃厂悦古斋古玩字画店经理韩益轩陪同下找到程运增。两人中一个是金梁,另一个也是前清遗老,名叫宝熙。韩益轩对程运增只说,二老为敬惜字纸,愿将大内档案全部购下。最后双方商定2.2万元(一说1.2万元)成交。隔了一日签合同,档案的真正的买主、著名学者罗振玉也亲自到场。

原来这批档案在善果寺零售时,有个熟人知道金梁识货,便持几份朱批谕旨向他兜售。金梁一下就看出这些是大内档案。金梁的好友罗振玉,同时也在市摊上发现"洪承畴揭帖"等零散大内档案。追寻之下,得知均出自同懋增,于是罗决定全部买下。

双方签订了合同,买方用的是金梁名义。合同内容有"立此合同人程林坡(程运增),今有字纸折奏杂烂书本废纸一宗,约数在十二三万斤上下,经中人韩益轩说合,全数卖与金息侯(金梁)名下自用"云云。

这些"废纸"经整理装箱,通过火车运到天津日租界罗振玉嘉乐里寓所。罗利用这些档案,编印了《史料丛刊初编》。应该说,罗振玉和金梁抢救保存大内档案是有贡献的。遗憾的是,这批档案后来辗转流失到了日本。

寓津期间著述自娱

金梁居津寓所在英租界爱丁堡道(今重庆道 52 号)。记者在这里看到,这是多幢连体楼房中的一幢,三层带半地下室。据附近居民讲,新中国成立前这里属教会产业。

辛亥革命后,逊帝溥仪在故宫保留了其小朝廷。金梁因忠于清室,被召入内廷,封为内务府大臣。同时做皇帝的侍读,赐少保衔。1924 年,冯玉祥驱逐溥仪出宫,金梁携眷到了沈阳,依附东三省总督赵尔巽。

金梁清末民初曾在沈阳任职,典守过故宫文物。1913 年到

1914年期间,张作霖曾请金梁当其子张学良的家庭教师。因为这两层关系,张作霖控制东三省后,金梁被安排在沈阳故宫博物院当了院长。

1931年"九一八"事变后,金梁举家避居天津。他在天津未曾营

重庆道五十二号金梁旧居

购私宅,于是在爱丁堡道赁屋居住。据其曾孙女关大唐回忆,金梁居津期间,首先遇到的麻烦是经常有日本特务骚扰,胁迫他出面为日本人做事。为此金梁经常把天津的名伶名票如金幼琴、近云馆主(杨慕兰)、章遏云等请到家中,佯作"玩票",以此来搪塞日本特务头子土肥原等的纠缠。

金梁在天津除著述自娱外,主要靠名气吃饭,大户人家遇有红白喜事,都愿意请他去主婚、点主。此外他还经常给人画扇面、写楹联等。关大唐三四岁起,金梁出门应酬就总带着她。关大唐回忆说,她的最主要工作是替曾祖父接红包。这种事多得很,总也应酬不完。

金梁还曾与严范孙、王守恂等人组织"城南诗社",人数多达百余人,为当时津门文坛一大盛事。

著名学者来新夏先生多次见过金梁。来新夏的祖父来裕恂,与金梁是秀才同年,故每逢春节,来新夏都要到爱丁堡道寓所,给金梁磕头拜年。据来新夏介绍,金梁在津时,与另一著名文人章梫十分友善,章号一山,金号息侯,因此人们戏称之为"一息相通"。

关大唐说,大约 1945 年曾祖母去世后,金梁开始练习"八段锦"气功,一天只吃一顿午餐,早晚餐只喝点奶粉甚至不喝。

另据关大唐和关大秋回忆,金梁家教严厉,脾气很大。他每天下午睡醒觉,曾孙辈都要到屋中问候"太爷好",他提前准备好一堆堆水果(每堆 5 分钱),分给曾孙辈。金梁偶尔还拿鸡毛掸子打人,不过虽然鸡毛乱飞,但都打在椅子上,而没有打在晚辈的身上。

1948 年,金梁将在津寓所居住权兑给了别人,只身去了上海。新中国成立后他回到天津,与全家住在今河北路润兴里 14 号。这是一处两层两底的楼房,是其女婿关富权的房产。大约在 1950 年,金梁迁居北京,担任国家文物工作方面的顾问,直到去世。

金梁在津撰有《光宣小记》《四朝轶闻》等著作。晚年居京,油印有《雍和宫》《三坛》《大北京》等,分送全国各图书馆。关大唐回忆说,她常替曾祖父邮寄这类资料著作。卷成一个卷包好,贴一分五厘的邮票,按印刷品寄出。因无法投入邮筒,就算好邮递员开箱时间,在邮筒前等候。

后人在津生活平静

金梁的夫人名叫李宜卿,是蒙古旗人,不但能骑马射箭,而且还擅长绘画,尤工画竹。她1945年在重庆道金梁寓所去世。金梁有一子一女,子名关东伯,女名金西君。

关东伯,约1902年生于杭州。北京燕京大学毕业,后到美国留学。归国后在北平、天津等地工作,一直在大学教书。1948年底到台湾,曾任台湾大学教授。后来又先后在新加坡、美国的大学教书。1997年在芝加哥去世。

金西君,生于杭州。16岁嫁关富权(号衡清)。新中国成立后曾在上海做街道工作,1969年去世。关富权与金西君是同学,在天津结婚后一起留美,同毕业于哈佛大学。

金梁夫人李宜卿

金梁曾孙女关大唐(左)和关大秋

关富权学水利专业,归国后曾先后在北京、南京等地工作。1948年到杭州,任浙江大学教授。1949年7月,上海遭受台风袭击,关富权与茅以升等著名专家赴沪,商讨组织抢修堵口工程。

金梁的后人,现多在津过着普通人的平静生活,其中笔者采访的关大唐(现名关雅静)、关大秋,20世纪40年代先后出生于重庆道。

按:本文为"天津小洋楼的故事"第16篇,刊于2005年9月8日《今晚报》第49版"滨海·乡情"(《今晚滨海》专版第468期)。

王君直 本名王金保,字丽泉;后改名王益保,字君直,以字行。同治六年(1867)十月三十日生于天津。1905年,任学部主事,授朝议大夫。1915年,任长芦京引盐商代表。1927年9月,被推选为芦纲公所纲总,同年当选天津商会副会长。1928年10月,因"芦盐五纲总案"被南京国民政府羁押,转年解往南京,先居南京国民政府参军处,后居南京大华饭店听候结案。1931年1月11日在大华饭店病逝。著名京剧票友,京剧名宿杨小楼、梅兰芳等,均曾与之配演,轰动京师。擅长书法,以小楷见长,作品有《君直先生临查升宫词百首》行世。

除有名的"天津八大家"外,天津历史上还出过不少其他名门望族——

亦商亦文的王氏家族

除有名的"天津八大家"外,天津历史上还出过不少其他名门望族,王氏家族即其中之一。连日来,记者奔走在天津的大街小巷,访查王氏后人及其在本市的历史遗痕。

王氏家族人才辈出

天津王氏家族,祖籍山西永济,其先人明朝万历年间移居天津,子孙繁衍,渐成大族。王氏家族一直亦商亦文,历史上出过不少人才,其中以王玉璋、王敬熙、王守恂、王君直四人声名最著。

王玉璋是著名画家,清朝嘉庆、道光时人,是王氏居津第七代。他字鹤舟,号松巢外史,晚号厂隐山人。其父王雨亭,曾官江南盐巡道，因道台俗称观察，故王玉璋又有一个号为"雨亭观察子"。王玉璋少时即喜欢书画、骑射。嘉庆时官秋曹，随驾到木兰围场围猎，校射中得中凤眼，钦赐顶戴花翎。后官至刑部郎中，又出任雷州知府、琼州知府，颇有政声。晚年侨居苏州，以饮酒作画终老。天津博物馆和后人手中，现仍收藏有不少他的画作。

友人郑云麓曾赠诗，称赞王玉璋的画品曰："琅琊太守剧风流，岭外山川笔底收。添得佳谈留画苑，王廉州后复雷州。"把他与清代著名画家"王廉州"（即王鉴，曾任廉州知府）相提并论，由此王玉璋被人称为"王雷州"。据说王玉璋十分喜欢端砚，常摩挲不倦，故名其居所为"冻云馆"，著有《冻云馆诗集》。王玉璋子王长年、孙王震生，也俱以画名。

王君直的子侄及孙辈合影（左一王振锷，左二王振锐，左五王振铠）

王敬熙,字莲品。其父名王枢,字宸章,与王玉璋是堂兄弟。嘉庆五年(1800)十一月初五生,光绪元年(1875)六月十五日卒于天津王氏旧宅。王敬熙诗书俱佳,有《莲品诗钞》行世。

　　王家从王宸章一代起,成为长芦盐业专商,在北京开有"宸章店"。王敬熙接手经营后,业务不断壮大,成为天津著名盐商。除业盐经商、吟诗写字外,王敬熙还致力于社会公益事业。天津老城厢二道街西口,原有一条牛痘局胡同,其得名缘自清同治六年(1867)设立的保赤堂牛痘公局。牛痘公局的宅院,就是王敬熙捐献的。传世的《牛痘局碑记》曾详记其事。牛痘局到1937年天津沦陷后停止活动,其旧址新中国成立后成为大杂院,如今已随着世纪初的天津老城改造荡然无存。

　　除捐宅给牛痘局外,王敬熙还出资修建了天津城北门的石路,组织成立"泽尸社""延生社",安葬接济穷苦百姓。因财力雄厚且乐善好施,因此人们给他起了个绰号"王七皇上"。据说这事被慈禧太后知道了,下令严查。调查结果,其称号并非自封,而是百姓感其义举尊赠的,慈禧又转怒为喜,诰封王为中宪大夫,赏赐顶戴花翔,候补员外郎,并且还准许他盖官房漆红门。这事还被载入县志之中。

　　王守恂,字仁安,晚署拙老人。1865年生,是王氏居津第十一代,其高祖父王模,与王枢为亲兄弟。光绪戊戌(1898)科进士,授刑部山西司主事。1905年任巡警部警法司员外郎,1910年任河南巡警道。辛亥革命后任内务部顾问等,1917年1月至11月任会稽道尹,1920年任直隶烟酒事务局会办。1936年卒于天津。

　　王守恂少负文名,以文章见重于时。晚年退居天津,参与地方志书编纂,成《天津政俗沿革记》16卷。该书是他编辑《天津县新志》

的采访手记,由门人赵生甫整理成书,复经王守恂删改、金钺勘校定稿,对研究天津地方史极具价值。

1927年,王守恂与林墨青、严修等人在天津发起成立崇化学会,以研究中国历代经史、古文为宗旨,设义理、训诂、掌故等科目,对振兴国学起了推动作用。王守恂还善诗歌,与严修、赵幼梅被誉为"近代天津诗坛三杰"。著有《王仁安集》。

王君直与"五纲总案"

王氏家族中,王君直可能是知名度最高的一位。这缘于两个因素:一是其不输专业的票戏水平,位居"票界三王"(即王君直、王庾生、王颂臣)之首;二是身陷轰动全国的"芦盐五纲总案"。

王君直是王敬熙之子。1905年,在学部左侍郎严修保荐下,王君直任学部主事,授朝议大夫。在京任职期间,他经常参加"春阳友会"的活动。该会是北京有名的票友组织,在此王君直结识了许多名演员、名票友和名琴师,盘桓日久,京剧技艺不断精进。

王君直虽为票友,却得过谭鑫培亲授,京剧表演造诣很深。据说王君直嗓音极佳,清亮醇厚,酷似谭氏。一日,他在某饭庄乘酒高歌,恰好谭鑫培宴于邻座,听后十分惊异,对同座说:"嗓音和唱法很像我!"王闻讯即过席拜访,自此与谭订交。每逢谭演出,王必到场观摩。谭每次到津,亦必与王聚首。

据著名戏曲研究专家甄光俊介绍,王君直热心公益,时常参加义务演出,同时对艺术毫不保守,有问艺者无不倾囊相授。余叔岩、孟小冬、安舒元等均曾向他请教。余叔岩与王君直可谓半师半友。余未出名时,常在天津元升茶园演出,每次都请王君直在后台为其把场。王在元升园主演《空城计》时,余叔岩还陪演过剧中的王平。

1915年,王君直的哥哥王少莲去世,他转承家业经办盐政。1927年,被推选为芦纲公所纲总及天津商会副会长。王任纲总才一年,就发生了震惊全国的"芦盐五纲总案"。

芦纲公所属盐务同业公会性质,纲总相当于常务负责人。1928年10月,有人向南京国民政府告发,说长芦盐务积弊丛生。蒋介石遂密令天津市公安局,将长芦盐纲公所首席纲总李赞臣及纲总王君直、杨丹忱、郭少岚、李少舫五人羁押。1929年1月,五纲总被解至南京,拘于南京国民政府参军处。蒋介石指派王宠惠、冯玉祥、阎锡山、孔祥熙、宋子文、谭延闿、赵戴文七人,组成"审讯长芦盐案委员会",以王宠惠为主席委员。但因各委员一时难以聚齐,故此案一拖再拖。直到8月,才由赵戴文代理主席委员,开庭审案。经四次审理查明,被告发的芦盐积弊均发生在五纲总任职前,与五纲总无关,遂呈复蒋介石准予保释。五人随后迁居南京大华饭店,听候结案。旋因赵戴文离开南京,该案又拖了下来。

由于长期羁押,五纲总屡染疾病,其中尤以王君直为甚。王的肝病后来转为肝癌,1931年1月11日在大华饭店病逝。据其孙王守惇介绍,世上流行的《档案揭秘》一书称王君直"囚死狱中",是不了解事件具体过程所致。

1931年1月21日,王君直灵柩运回天津;3月9日,葬于天津祖茔。其间,在强大的社会舆论压力下,"五纲总案"以手续错误负有责任为由,罚款50万元匆匆了结。1931年2月15日,劫后余生的其他四位纲总回到天津。

天津的王氏宅院

天津王氏的居所，最著名的是原老城厢王氏旧宅。后来王氏族人陆续迁出，兴建或租住了其他一些四合院和小洋楼。

王氏家族居住时间最长的王氏旧宅，为原老城厢府署街69号，地图上或称王莲品旧宅，或称王君直旧宅。该住宅是一处前后四进的四合院，经不断增建而成。据王守惇先生介绍，王氏家族是在其高祖父王枢一代定居府署街的。当时王家开始从事盐业并逐渐发迹，遂建起这所深宅大院。

在老宅居住时间最长的，大约是王守惇的曾祖父王敬熙。王守惇说，王敬熙特别喜爱莲花，所居之处不筑莲花池，就设莲花缸。那时四合院只有三进，其中第一进院落就有莲花池。他曾写过一首《自赠》诗曰："百折千磨幻中幻，好从火宅种青莲。"由此可见其对莲花的喜爱。宅中设有南书房，著名的北派花鸟画创始人司马锺（字绣谷）及诗人于右祐、武云章等，经常在此与王敬熙吟诗作画。司马锺在府署街王宅居住多年，创作了大量逸气豪放的花鸟作品，故画坛有北派花鸟自绣谷始的说法。

1875年王敬熙去世不久，其五个儿子分家，王君直遂搬出老宅，在东门里华家租了一处院子。王守惇说，华家与王家有姻亲关系，但具体是怎么回事他说不清楚，只知当时华世奎才十多岁，经常临摹其祖父王君直的小楷，并署上"君直太表叔大人教正"。王家在华家租住了很长时间。宣统元年（1909）王守惇的父亲结婚时，还是在东门里华家。

约在民国初年,王君直从华家搬出,在老城厢二道街租了一处三进带小跨院的四合院。这处宅子在今东门内大街与东马路交口的新安购物广场一带,王守惇就是在这里出生的。王君直在这里一直住到被蒋介石拘捕到南京。

王君直病逝后,其家人仍在二道街居住。1939年天津闹大水,王守惇随父亲王振铠迁出老城厢,在英租界戈登路(今湖北路)160号租房居住。这是一处德式小洋楼,两层带地下室和阁楼。宅子的主人原来是军阀傅良佐。傅字清节,湖南乾城(今吉首)人。他先后毕业于北洋武备学堂和日本陆军士官学校,1912年任察哈尔副都统,1916年任北京政府陆军部次长,1917年任湖南督军。此后又任边防督办公署参谋长,去职后在天津戈登路寓居。

傅良佐寓所是两座结构基本一致的德式洋楼,靠戈登路的前楼小些,后楼大些。1926年傅去世后,其子因人口较少住前楼,后楼委托给仪品房产公司经营。王家入住的后楼,就是从仪品房产公司租来的。1948年,王振铠将该楼使用权捐给我地下党,筹建平凡小学。不久天津解放,学校于1949年8月开学,后来几经合并改名,成为南京路小学,现为天津市第二十中学附属小学。两所楼房均在

拆除前的老城二道街王家大院

1976年唐山大地震中震毁，原地一部分盖起高层住宅楼，一部分成为二十中附小的操场。操场边上还有一株约七八十年树龄的老树，记录着这里曾经的沧桑。

王氏后人各有所长

王君直生有三子，长子振锐，次子振铠，三子振锷。

王振锐，字颖宾，号孑一。生于光绪十二年（1886）十月初七。少时读私塾。1931年王君直死后，接任盐商京引恩成公柜代表，常驻北京。1950年在京去世。

王振铠，字简勋。光绪十七年（1891）五月二十九日生。曾就读天津盐商子弟小学及扶轮中学。1917年毕业于唐山交通大学铁路工程系。在固镇、济南、天津西站等处任过公务员或工程司，南口公务段桥梁主任、工程师等。新中国成立后在天津铁路分局工作，1956年在该局公务监察室退休。1945年至1948年任芦纲公所末任纲总，同时任天津临时参议会参议员。1950年至1965年任和平区政协委员。1965年10月15日去世。

王振锷，字岱清。光绪十九年（1893）生。北平交通大学管理系毕业，曾任铁路邯郸、兰州站站长。1958年在兰州去世。受父亲影响，他也成为名噪一时的票友，工于老生，新中国成立前北平电台曾录制并播放其录音。其次子王守忻，1933年12月21日生于北京，1956年毕业于北京体育学院（今北京体育大学），擅长拳击、体操、跳水等运动。20世纪50年代，曾4次荣获全国拳击锦标赛最轻量级冠军。1986年起，曾任中国拳击队教练、北京体育大学拳击教练等。现居北京，为中国拳击队顾问。

记者采访的王守惇，是王振铠的三子。他1929年生，其名守惇，是祖父王君直在南京时所起，取《尚书》中"守学弥惇"之意。他1936年起曾在天津的私立第一小学、旅津浙江小学、耀华中学、法汉中学、特一中学等校就读。1945年10月参加党的地下工作。1946年到冀中解放区"五一"学院学习，不久被派回津，继续以读书为掩护从事党的地下活动。新中国成立后在教育系统工作，1991年在和平区教育局离休。书法家。

王守惇在原戈登路160号王君直旧宅遗址（今上海道小学院内）老树前留影

按：本文刊于2005年7月11日《今晚报》第32版"滨海·乡情"（《今晚滨海》专版第425期）。此文亦为"天津小洋楼的故事"里的一篇，以所涉建筑均已无存，故此发表时未加挂栏头。

卢景贵 字介卿,祖籍山东省莱州市梁郭镇卢家村(今属朱桥镇),1891年生于辽宁沈阳。他初入奉天小学、中学,1911年入北京农工商部高等工业学堂机械工程科学习。1912年转入天津直隶工业专门学校。1913年作为东北首批公费生赴美国留学,入意利诺大学,1917年获机械工程学士学位。复入普度大学攻读硕士学位,未终即于1918年3月应召回国。1919年,任奉天省立工业专门学校机械科主任教授,旋即任中日合办本溪湖煤铁公司技师。1921年12月,任津浦铁路济南机车厂工程师。1922年,兼任交通部胶济铁路评价委员会委员。1923年初,充奉天专门人才考试襄校官。同年2月,任四洮铁路工程局局长,兼黑龙江省公署顾问、交通部关税会议筹备委员会委员。1925年兼任洮昂铁路工程局长兼黑龙江军务督办公署顾问。铁路基本完成后，工程局改为四洮铁路管理局，任局长，同时执行四洮铁路局督办职权。1928年6月，东三省交通委员会成立，兼任路政处主任委员，同年11月转任总务处主任委员。1931年任东三省交通委员会委员。1932年，兼任国联调查委员会（为调查"九一八"事变设立）中国代表处专门委员。1931年"九一八"事变后，交委会迁北平办公，1933年被南京政府铁道部撤销，卢遂解职。此后寓居天津，潜心著述。其间曾赴上海筹办云南铁路。1937年发起成立中国天文学会。抗战胜利后任东北交通特派员办公室顾问。新中国成立后任辽宁省政协委员，因病未能履职。1967年9月10日去世。

作为机械学、天文学、武术学专家,知道他的人如今已不多了。但近年有关学术文章和著述中,仍在提他的名字——

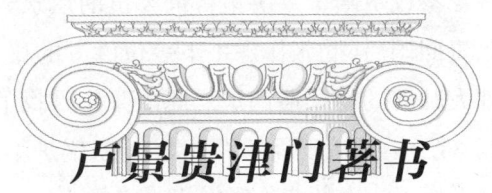

卢景贵津门著书

在天津,如今知道卢景贵的人恐怕已经不多了。但历史并没有将这位机械学、天文学、武术学专家遗忘,近年有关的学术文章和著述中,不少都提到了卢景贵的名字。

从1931年起直到1967年去世,卢景贵在天津意租界和五大道地区寓居长达30多年。其间他闭门著书,撰写出版专著多部。卢景贵的后辈儿孙可谓人才辈出。

学有专长青年得志

卢景贵的父亲叫卢士义,字宝臣。他早年从山东老家闯关东定居沈阳,先后在东华门外和南关开设"广义德"和"天义德"绸庄,住南苇行胡同 18 号。1891 年,卢景贵即诞生在这里。

据 1931 年出版的《东北人物志》记载,卢景贵自幼聪敏。他 1912 年在天津直隶工业专门学校学习时,首次与天津发生密切关系。

1918 年卢景贵回国后,以学者身份进入仕途,可谓一帆风顺。据现任美国联邦参议员哈金森决策咨询委员的卢永芳(卢景贵之孙)回忆,卢景贵回国后,受张作霖手下一位姓方的秘书长举荐,赴沈阳指导修理大帅府的德国造锅炉。此前张作霖找了不少工匠前来,均未成功。对于学机械工程的卢景贵来说,锅炉不过是个"小玩意儿",很快就弄好了。由此张作霖对卢景贵极为赏识。

另据卢永芳介绍,卢景贵在东北任职期间,曾与张作霖、张作相、杨宇霆、常荫槐等结拜为兄弟。卢景贵排行老四,因此张学良称其为"四叔"。1928 年"皇姑屯事件"中,张作霖被日本关东军谋杀。张学良继任后,为清除反对势力,枪毙了杨宇霆和常荫槐,而有着留美背景的卢景贵,不仅未被殃及,反而升了官,转任东北交通委员会委员长。据说张学良清除杨、郭势力后,手下官员每次进帅府,都要起立致敬,唯有卢景贵可照坐不误。

百万回扣办起电车

据史料记载,卢景贵为人"雍容和蔼,敦厚精明"。他之所以能得到张作霖、张学良的赏识,除学识以外,与他的人品应该有很大的关系。

1919 年,日本为达到全面控制中国东北铁路的目的,强迫北洋政府将四平街至郑家屯的铁路延长到洮南,所有事宜由"南满洲铁路株式会社"代理,四郑铁路同时更名为四洮铁路。

1923年,卢景贵就任四洮铁路工程局局长不久,郑家屯至洮南段铁路开工,由"满铁"承包修建。开工前,卢景贵遵照张作霖指示,赴大连"满铁"总社,商讨有关工程问题。

会议结束后,"满铁"的铁道部长(相当于处长)藤根,求见卢景贵个别谈话。藤根当面交给卢景贵两张日本银行的支票:一张日金98万元,是"满铁"承包工程给的回扣;另一张日金5万元,是日本东亚土木公司承包土方,给局长的"孝敬"。两张支票都不记名,任何人都可以取现。

卢景贵带着百余万元支票回到沈阳,未及回家就到奉天省公署,把支票交给省财政厅长(兼代省长职权)王永江,并汇报了有关经过。王遂决定,这笔钱由四洮铁路局备文呈缴省公署,留作创办省城电车事业。

后来,沈阳修建了由西关到东关的环成电车,用的就是这笔钱。这也是沈阳的第一条电车线。

寓居津门潜心著述

据卢景贵的五子、现居天津的卢鹤纹先生回忆说,1931年卢家迁居天津时,就住在意租界的一所别墅里。记得刚到天津时,有房客在那里租住,全家在外面小住了一些时候,等房客搬走,才正式搬进去。

近日,卢鹤纹先生陪同记者,踏访了其父亲的故居。这里也是他小时候生活过的地方,留下了许多美好的回忆。卢鹤纹告诉记者,居所周围原来是一个大院子,房子在院子的正中央。因此绕着房子可以骑自行车玩。房前有四棵大槐树,每棵树下摆一个金鱼缸。他们兄弟姊妹,小时候常绕着树和鱼缸跑跳游戏,有时还打排球。1937年7月29日,日本侵略军轰炸天津时,他还曾与哥哥在二楼平台上看飞机投弹。

卢鹤纹说:"父亲的最大特点就是书多。除了书房以外,家里其他房子里也几乎都有父亲的藏书。"他曾经数次与哥哥、姐姐帮父亲整理藏书,登记著录,盖上"卢氏藏书"图章,但记忆中哪次都没能最后完成。

由于卢景贵是奉系要员,因此他寓居天津引起日本人的注意。为了表示自己疏离政治,卢景贵尽量减少对外交往,闭起门来读书写作。1936年6月,天津百城书局出版了卢景贵翻译的《月理初编》(英国人卜朗原著);1937年6月,中华书局出版了其著作《高等天

整修前的原北安道19号卢景贵旧居

文学》,这是中国第一部现代高等天文学专著,孙科题词,叶恭绰作序;1942年,出版《曹氏八卦掌谱》,由此可见卢景贵兴趣之广泛。1984年,中国书店重新出版了《曹氏八卦掌谱》,有人即据此称卢景贵是"著名武术家"。

卢鹤纹说,卢景贵还撰有《武王伐纣之岁考》《释迦牟尼生辰年岁考》《内燃机车学》《卢氏汉字声韵之研究》等著作。此外还写成《占星学正传》,对古今中外星象学作了对比研究,自称是积其一生心血的得意之作。可惜这些手稿都在"文革"中遗失了。

卢鹤纹介绍说,卢景贵生活十分简朴,家居时经常只穿一件带补丁的袍子。不抽烟,不喝酒,甚至茶也极少喝。

1953年,卢景贵以3万元的价格将今北安道寓所卖给海员工会作宿舍,这里后来成了大杂院。记者来采访时,楼里的住户已全部搬走,地板和楼梯已拆除,无法进入里面。据正在楼外维修施工的工人称,正本着"整旧如旧"的原则对故居进行维修,至于要干什么,他们也不知道。这里门牌如今已经不见了,从南侧北安道21号,记者才推知这里是19号。

卢景贵卖掉北安道居所后,又以9500元的代价购买了今贵州路吉安别墅1号住宅。这所房子,现仍由卢氏子女居住。卢鹤纹还告诉记者,新中国成立后卢景贵曾到市教育局申请分配工作,但没有成功。

后代儿孙人才辈出

卢景贵的夫人崔可言,1892年生。1905年赴日本东京青山女

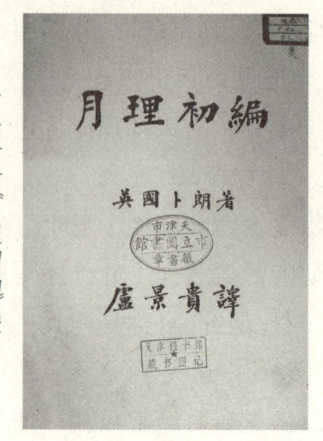

卢景贵译《月理初编》扉页

卢景贵长子卢鹤绂院士

子实践学堂公费留学,与秋瑾为校友。归国后曾短期从事过教育工作。1912年与卢结为伉俪后放弃工作,专门相夫教子。1992年以百岁高龄在津辞世。

卢景贵教子极严。据卢鹤纹先生回忆,他与哥哥们小时候被父亲罚跪是很平常的事。卢景贵与崔可言生有六子三女,九人全部上了大学。

长子卢鹤绂,1914年生。1936年燕京大学物理系毕业后赴美国明尼苏达大学留学,获硕士、博士学位。1941年回国,先后任中山大学、广西大学、浙江大学、复旦大学、北京大学教授等。1960年任中科院原子核研究所副所长。1980年当选为中科院数学物理学部委员。1942年预言大规模利用原子能的可能性,并提出一种估算原子弹及原子堆临界大小的简易方法,被国外誉为"核能之父"。1951年提出关于流体力学的方程,被命名为"卢鹤绂不可逆性方程"。1997年在上海逝世。

美国得克萨斯州的休斯敦第一浸信会学校,1998年为卢鹤绂竖起雕像,并把实验室命名为"卢鹤绂科学实验室"。2004年,母校明尼苏达大学也在物理系门前为其塑了铜像。

次子卢鹤绅,1917年生于美国,为美国籍。在天津读高中,1936年与长兄一起进入美国明尼苏达大学深造,学习航空工程。是美国某著名航空公司总工程师。航空设计专家,现居美国纽约州长岛。

三子卢鹤绥,1922年生。20世纪40年代在天津工商学院国贸系毕业,在天津电话设备厂(新中国成立前称中天电机厂)从事外贸工作直至退休。1989年在津去世。

四子卢鹤绚,1925年生。20世纪40年代在天津工商学院建筑系毕业,曾任张家口建筑工程学院副院长。后调天津建筑工程设计院,任总工程师至退休。现居天津。

五子卢鹤纹,1926年生。1947年考入燕京大学,同年转南开大学经济系学习。1950年毕业后在交通部所属单位工作,后在南开大学、天津外贸学院执教,任讲师、副教授。1988年调市政协任副秘书长。1994年退休,现居天津。

六子卢鹤维,现名刘华,1927年生。先考入燕京大学,后转入清华大学机电工程系,是清华大学地下党负责人之一。新中国成立后到天津,任团市委大学部部长。1953年调任驻苏联大使馆秘书。后任外交部礼宾司副司长及驻尼泊尔、苏丹、土耳其大使等。现离休,居北京。

长女卢鹤松,1918年生。燕京大学历史系毕业。新中国成立后在河北大学任教并退休。现居天津。

次女卢鹤柏,1920年生。燕京大学西方文学系毕业,在达生纱厂任职员。新中国成立后纱厂改名为天津中纺四厂,在该厂工作直至退休。现居天津。

三女卢鹤桐,1924年生。北京大学肄业。新中国成立后在体育馆街街办厂工作至退休。现居天津。

卢景贵长孙卢永强(卢鹤绂之子)也是物理学专家,1997年因病退休,从事中国核物理史研究,2000年在美国去世。卢永强之女卢嘉是美国哈佛大学应用物理学博士,现在在加州大学尔湾分校教书。因其研究提升了人们对纳米技术的崭新认识,去年获得美国"总统职业荣誉奖"。

附:卢景贵故居

新中国成立前寓居原意租界西交界路(即意奥交界路)25号、26号,今为北安道19号,门牌已失。约建于20世纪20年代,砖木结构,主体两层,局部三层,带地下室。为古典欧洲型设计,建筑风格简洁明快。

新中国成立后寓所在今贵州路吉安别墅1号,原建筑为典型西班牙式风格,两层砖木结构,坡顶,红瓦黄墙,俗谓"小黄楼"。1976年唐山大地震中受损,修复后成为平顶,已远非原貌。

吉安别墅1号卢景贵旧居

按:本文为"天津小洋楼的故事"第3篇,刊于2005年3月24日《今晚报》第34版"滨海·乡情"(《今晚滨海》专版第349期)。

杨廷宝 字仁辉。1901年10月2日诞生于河南省南阳市东南郊赵营村。1921年北京清华学校毕业,入美国宾夕法尼亚大学建筑系,1925年获硕士学位。1927年回国,任天津基泰工程司建筑师。1935年任中国营造学社汇刊校理,1940年兼任中央大学建筑系教授。1950年受聘北京兴业投资公司设计部,主持设计北京和平宾馆和王府井百货大楼。和平宾馆被认为是建筑设计方面的权威之作。1952年任南京工学院建筑系主任,1955年当选为中国科学院技术科学部委员(院士)。1959年起任南京工学院副院长,1979年兼任南京工学院建筑研究所所长。还曾任第一至五届全国人大代表,国际建筑师协会副主席,江苏省副省长等。著作有《综合医院建筑设计》《杨廷宝建筑画选》《杨廷宝素描选集》《杨廷宝建筑设计作品集》等。1982年12月23日在南京病逝。

紫金山天文台、人民英雄纪念碑、北京和平宾馆、人民大会堂、北京火车站、毛主席纪念堂等著名建筑，都凝聚了一位著名建筑师的心血——

建筑大师杨廷宝

提起紫金山天文台、人民英雄纪念碑、北京和平宾馆、人民大会堂、北京火车站、北京图书馆、毛主席纪念堂这些建筑，在中国可谓尽人皆知。但除了建筑学界，还很少有人知道，在这些著名建筑中，无不凝聚有一位著名建筑师的心血，他就是杨廷宝。从1927年至1937年，杨廷宝在天津居住了十年之久。

杨廷宝在20世纪中国建筑学界拥有崇高的地位，1956年当选为中国科学院技术科学部委员（后来改称院士），1957年至1965年连续两届当选为国际建筑师协会副主席，与梁思成、刘敦桢等一起，成为中国建筑史上的一代宗师。天津是杨廷宝从事建筑设计事业的肇始之地，目前本市还保存有他主持设计和参与设计的三处建筑，其中包括他曾经居住过的基泰大楼。

一天设计出沈阳"少帅府"

杨廷宝出生于河南南阳的知识分子家庭,自幼受到绘画艺术的熏陶。1915年,他考入北京清华学校(清华大学前身),1921年赴美国宾夕法尼亚大学学习建筑。他的建筑设计和水彩画得到导师保尔·克芮和瓦尔特·道森的悉心指导,学习成绩一直十分优异。

1924年,他的作品获得全美建筑系学生设计竞赛艾默生奖一等奖。杨廷宝的获奖作品,被收入1927年美国出版的《建筑设计习作》中,该书至今仍是欧美建筑系大学生的重要参考书。

杨廷宝只用4年时间,就修完了本科和研究生课程,于1925年秋获得硕士学位(当时建筑学最高学位),导师保尔·克芮亲自给这位爱徒戴上硕士帽,并诚恳邀请杨廷宝到自己的建筑事务所工作。

在导师的建筑事务所工作一年多以后,心怀祖国的杨廷宝毅然决定回国。1926年秋,杨廷宝离开美国赴欧洲考察建筑,最后于

基泰大楼设计透视图

1927年春回到北京。不久,他与夫人陈法青女士结婚。杨廷宝的蜜月只度了12天,就开始在建筑工地上奔波了。

杨廷宝加入了关颂声等创办的建筑事务所——天津基泰工程司,他在基泰工程司一直工作到1949年解放。杨廷宝在基泰工程司一直是建筑设计方面的主要负责人,因此其作品多署"基泰工程司"而不计个人姓名。

一次关颂声在东北承揽业务,听说张学良要营造公寓,正在沈阳招标。关颂声得到消息较迟,回天津商量已来不及了。他想到刚进入工程司不久的杨廷宝。这个美国著名建筑师保尔·克芮的得意门生,有着一股年轻人的创业锐气,他也许会有好的点子。

关颂声立即通过电话买好北京到沈阳的机票,又通知杨廷宝火速到北京转乘飞机。杨廷宝辗转到沈阳后,与关颂声简单寒暄后就着手设计。磨刀不误砍柴工。杨廷宝中午到达旅馆,下午就直奔张作霖的大帅府参观。

杨廷宝认为,必须充分了解了大帅府,才能设计好少帅府,才能使两座帅府珠联璧合相得益彰。杨廷宝在大帅府转了一个下午,心理有了底,晚上就在旅馆开始了设计。杨廷宝绘图手法谙熟,他通宵达旦地工作,再加上转天的半天,一共只用了十几个小时,就设计出了全套的少帅府设计图。其速度之快,令同样科班出身的老板关颂声也十分惊讶。因为按他的估算,这套设计图就是快手也得一个星期。

数天之后,投标的中外建筑师把各式各样的设计图摆到了张学良及其夫人于凤至面前。少帅和夫人横挑竖选左评右论,最后都被杨廷宝的水彩渲染图吸引住了。张学良本来就觉得杨廷宝的设计不错,又看到夫人也十分赞赏,于是当场拍板采用杨廷宝的方案。

杨廷宝初出茅庐就击败了众多中外著名建筑师，很快声名鹊起传遍全国。稍有遗憾的是，这座少帅府刚刚建了一半，就因"九一八"事变爆发仓促停工。现在沈阳的少帅府，是后人在原基础上修建完成的。

中原公司使基泰站稳脚跟

现天津百货大楼的前身是新中国成立前的中原公司，而现在滨江道上的中原公司则是其分店。20世纪20年代，民族资本的新型百货商业在中国各大商埠兴起。1925年，上海先施百货公司高级合伙人林寿田、黄文谦等，与旅日商人林紫垣等合作，北上天津创业。公司计划在法租界开店，但由于英商先农公司哄抬地价，迫使中原公司转向其他地方选址。

由于日本在中国不断扩张势力，人们都不愿意到日租界落户经营，因此日租界市面十分冷清。日本驻津领事为了"繁荣"经济，派领事馆翻译极力劝说中原公司在日租界建店，并许以种种优惠条件。于是中原公司以极低的价格，在日租界旭街（今和平路）买下1200平方米地皮。

中原公司委托基泰工程司设计建造中原公司大楼。公程司委托设计师南下考察了香港、上海各大百货公司的建筑，最终设计出独具特色的尖塔式大楼，可俯视海河鸟瞰全市。说来也是冤家路窄，原来在沈阳少帅府招标中，被淘汰的方案中有不少是日本建筑师设计的。他们听说杨廷宝等要在天津日租界设计建造大楼，就通过日本驻津领事馆给基泰工程司设置障碍。设计过程中，杨廷宝与工程司另一位年轻的建筑师杨宽麟合作，一个搞设计，一个搞结构，很快画出图纸。日本方面审查图纸时，实在找不出一点岔子，不得不同意颁发施工执照，一举打破日本建筑师在日租界的垄断。

设计关闯过去了，可是施工中还有一件事令杨廷宝、杨宽麟放心不下。原来大楼上面的塔楼没有柱子，直接坐落在钢质井字梁上。两人生怕建筑质量不高，给中国人丢脸。工程快封顶时，一天夜间狂风大作，杨宽麟喊起杨廷宝，背着仪器来到施工现场，对着塔楼测了又测，直到确信塔楼的晃动在允许范围之内时，这才放下心来。

1928年1月1日，中原公司盛大开业。中原公司设计的成功，使基泰工程司在业内站稳了脚跟，并逐步发展成为现代中国最著名的建筑事务所之一。1940年，中原公司大楼因失火受损，由基泰的另一位建筑师张镈主持大修，基本保持原貌。新中国成立后，百货大楼一度利用原框架改建为现代风格，直到近几年来配合金街整修，才再次基本恢复旧貌。

关于中原公司的设计者，笔者见到的资料有多种不同说法，包括关颂声、朱彬、杨宽麟、杨廷宝、张镈等基泰工程司的主要设计师，几乎都被囊括到名单之内。据此推测，基泰工程司作为中原公司的设计和建造承包者，其工作人员在方案设计过程中，可能都做了不同程度的工作。至于到底谁是最主要的设计者，如果没有新资料，恐怕很难深究了。

基泰大楼和杨廷宝一家

从20世纪20年代末到1937年抗日战争全面爆发，基泰工程司的业务不断扩大，杨廷宝常年奔波在津、京、沪、宁之间。虽然如此，但杨廷宝的家一直安在了天津，其住所就是马家口附近的基泰大楼，现今的位置是滨江道109号至123号。

基泰大楼是基泰工程司自建的办公楼，建造于1928年，其设计主持者就是杨廷宝，由天津惠通成木厂承造。基泰大楼坐南朝北，占地面积2100平方米，建筑面积8620平方米。大楼中部五层，两端四层。首层为商业店铺，二、三层为出租的办公用房，四层为基泰工程司的办公房和绘图房。主要入口上边有过街楼，其后部有少量的公寓客房。二层设主楼梯和电梯直通顶层。

基泰大楼历经近80年风雨，至今保存完好。记者在现场看到，该楼为砖混结构，主面左右对称，疏密相间的砖砌壁柱与大面积清水墙形成凹凸变化，具有现代风格。同时，用青红砖组砌成圆形、方

杨廷宝居住过的滨江道109-123号基泰大楼

格和交叉等花饰。大楼的主要入口的体量向里凹进,"滨江旅馆"的牌子十分醒目,追溯其历史,则几乎与基泰大楼一样久远。主入口上方原有"基泰大楼"四个字,现在已无迹可寻。只有檐口的狮头、柱身的刻槽和柱头的花纹,仍然诉说着这座建筑当年的风采。

据记载,杨廷宝在津居所即在基泰大楼里。然而时过境迁,我们如今已无法指认杨廷宝当年到底住在哪所房子里了。不过我们可以做一个接近事实的推测,就是杨家住在主入口后面的某套公寓客房里,并且最有可能是在基泰工程司办公的四楼。

1937年卢沟桥事变发生时,杨廷宝正在基泰工程司上海事务所工作。其夫人陈法青则带着孩子生活在天津的基泰大楼。当时他们已有三男两女,长女杨士英不过八九岁,幼子杨士萱只有两三岁。陈法青是杨廷宝的河南同乡,父亲陈铭鉴是清朝举人,精于诗词,是河南知名人士。

1915年秋,杨廷宝在清华留美预备学堂就读时,陈法清考入北京女子师范学校。杨廷宝的表姐郝超薰、堂姐杨廷隽与陈法青是同学,因这两位姐姐的关系,杨廷宝与陈法青相识并相恋,最后结为伉俪。

按理说,一个妇女拖儿带女可不容易,但陈法青毕竟受过高等教育,除了柴米油盐之外,子女的入学就医等等,一切都安排得井井有条。日本侵略者发动全面进攻后,天津基泰准备内迁,陈法青也当机立断,全家向河南老家转移。她一面收拾细软,一面给杨廷宝写信,让丈夫直接到老家会面。杨廷宝对家人的安全忧心忡忡,可等他赶到约定的河南马山口,陈法青已经把家安顿下来。尤其令杨廷宝惊喜的是,他的珍贵书籍、资料和设计图等,全都完好无损。至此,杨廷宝一家离开了生活达十年之久的天津。

同事回忆杨廷宝在天津

杨廷宝在天津主持设计的作品,还有一座中国银行货栈。货栈是 1928 年设计建造的,位于今张自忠路与大同道交口。这里临近海河,当年岸边设有码头,海轮可以在这里直接装卸货物。据记载,货栈的结构由杨宽麟设计,采用密集短木桩基,桩顶浇筑钢筋混凝土。货栈共四层,受用地限制,杨廷宝将其设计成菱形,四周布置仓库,中部设内院,既利于通风采光,又便于装运货物。

前天,记者来到现场考察时发现,原货栈建筑邻张自忠路一侧已经拆除,从拆除现场来看,余下的似在保留之列。剩余建筑中,还留有大同道 4 号门牌,至于大同道 2 号,已经随拆除的部分一起消失。这里新中国成立后曾长期由天津百货采购供应站使用,经过不断的改装,外观与当年已大相径庭。

在杨廷宝的上百件建筑作品中,天津中国银行货栈并不出名,但由于在这座建筑上杨廷宝首次在国内采用了圆弧转角和带状扁

中国银行货栈设计透视图

窗等设计手法，故此在中国现代建筑史上产生了一定影响。

杨廷宝在工作上严谨不苟，这一点对基泰工程司更年轻的建筑师产生了很好的影响。据著名建筑师张镈回忆，1933年夏，他大学毕业前一年到天津基泰工程司去拜访杨先生，当时杨廷宝正坐在小图房的图板前画线图，图面十分工整。这时他已是基泰的合伙人，是主持图房的总建筑师，是设计建造整个东北大学新校、沈阳北站、北京西河沿大陆银行以及大量高级住宅的名师，有着很高的社会地位，但他还是趴在图桌上制图。这一点令张镈十分感慨。

1934年夏，张镈进入基泰工程司工作时，经常因各种问题去小图房向杨先生请教。杨先生从不离自己的图板，但对问题都能够对答如流，并随手在图纸上眉批解决问题的办法。有时十多个设计同时进行，他个个了如指掌：一是交待得清楚，从来不作出尔反尔、反复无常的乱改；二是心中有数，对每个设计可能遇到的问题都有预见对策。张镈回忆说，自己后来能在建筑方面有所成就，与杨廷宝的影响是分不开的。

按：本文为"天津小洋楼的故事"第19篇，刊于2005年9月26日《今晚报》第42版"滨海·乡情"（《今晚滨海》专版第480期）。

爱新觉罗·溥仪 字耀之,号浩然。1906年生。清朝末代皇帝,辛亥革命后退位。1924年为冯玉祥驱逐出宫,1925年到天津寓居。1931年任伪满洲国执政,1934年改称皇帝。1945年8月被苏军俘获,1950年移交给中国,1959年特赦释放。曾任政协第四届全国委员会委员。1967年10月17日在北京病逝。

今鞍山道70号"静园",是末代皇帝溥仪在津旧居。七十多年前的一天,溥仪的淑妃文秀离开静园提出分手——

"皇帝"在津打离婚

今鞍山道 70 号"静园",是末代皇帝溥仪在津旧居。走进这座曾经的"帝王之家",如今是一片破败的景象:枯树衰草,断瓦颓垣,似乎在诉说着曾经的往事。

据静园的住户韩宝英老人讲,这里最多时住过三十多户人家,是个热闹的大杂院。近来有关方面要对静园进行综合整修,因此大部分居民已陆续迁出。他本人不久也将搬离这里……说到这,老人对这个已生活了近三十年的大杂院充满了留恋之情。

溥仪出宫秘密来津

溥仪,清朝末代皇帝。姓爱新觉罗,字浩然。1906 年生,醇亲王载沣之子。1908年11月14日,3岁时被立为嗣皇帝,授载沣为摄政王,年号"宣统"。1912年中华民国成立,登基不满3年的溥仪由隆裕太后代颁《退位诏书》,仍居紫禁城。

1917年7月1日,溥仪在紫禁城召见张勋,接受奏请复辟帝制,恢复宣统年号。溥仪这次只做了12天皇帝,就随着张勋的失败而再次退位。

1924年冯玉祥发动北京政变,废除皇帝称号并将溥仪驱逐出宫。他先搬进原北京醇王府,不久逃入日本公使馆。1925年2月24日,溥仪在日本便衣护送下化装成商人,秘密乘火车来到天津。

溥仪到天津这天,正是农历二月二"龙抬头"的日子。这时的溥仪仍念念不忘恢复大清祖业。

溥仪居静园"静待时机"

溥仪来到天津后,一开始住进了日租界张园。张园建于1916年,系清末驻武昌第八镇统制张彪的私人花园,位置在今鞍山道59号市少年儿童图书馆。

溥仪到津后,皇后婉容、淑妃文绣等不久也来会合。在天津的清朝遗老遗少纷纷前来见驾,搞得张园天天车水马龙,热闹非凡。1929年7月9日,溥仪迁居到同一条街上的乾园。

据和平区文化和旅游局介绍,乾园本是北洋军阀陆宗舆的私人公馆,1921年始建。主体两层,为砖木结构的西班牙式楼房。现为市级重点文物保护单位。

溥仪携婉容、文绣等搬到乾园后,将这里易名为"静园",表面

溥仪在静园与人合影

溥仪就是从静园这个后门出逃东北的

鞍山道70号静园

是取"清静安居、与世无争"之意,实际暗寓"静观其变、静待时机",以图东山再起。

文绣提出与"皇帝"离婚

溥仪在静园住了两年多,就在他秘密潜往东北前的1931年8月25日,发生了一件令这位末代皇帝感到大失面子的尴尬事。

据天津市档案馆周利成先生介绍,那一天,与溥仪一起居住的淑妃文绣突然离开静园,与妹妹文珊来到国民饭店(在今赤峰道与和平路交口),并令同行的太监赵长庆通知溥仪,提出离婚。

文绣1922年11月被选进宫,封为淑妃。皇后婉容性情泼辣,经常找茬儿与文绣争吵。此时溥仪总是站在婉容一边指责文绣,甚至不许她在公开场合露面。

到了天津后,这种情形更甚。据1931年北平《晨报》记载:"文绣自民国十一年入宫,因双方情意不投,不为逊帝所喜。迄今九年,独处一室,未蒙一次同居。而一般阉宦婢仆见其失宠,竟从而虐待,种种苦恼,无从摆脱。"

冯国璋儿媳支持文绣离婚

最先提出要文绣离婚的是冯国璋的大儿媳玉芬。文绣与玉芬是表姐妹,两人在津来往频繁,几乎无话不谈。

1931年7月的一天,玉芬到静园看望文绣。提起自己受到的折磨，文绣潸然泪下。一向追求思想解放的玉芬听后说："现在已经是民国了，溥仪不再是过去的掌有生杀大权的宣统皇帝了，和我们一样都是平等的公民。你可以告他虐待，请律师写状子和他离婚！"

不几天，玉芬交给文绣1000块钱，让她与妹妹文珊一起活动，聘定张绍曾、张士骏、李洪岳为律师，正式向溥仪提出离婚。

"帝""妃"为离婚讨价还价

太监赵长庆回到静园，将文珊和律师的信件交给溥仪。溥仪顿感"皇帝"颜面无存，急派车去国民饭店接文绣，但文绣等已不知去向。溥仪连夜召请郑孝胥等商议对策，并聘请律师林向文绣提出溥仪同意离婚的"不得另嫁"等三项条件。文绣当即表示同意。

9月5日至10月2日，双方经过四次讨价还价，最后议定溥仪向文绣付赡养费5.5万元。

"皇帝"离婚案幽默收场

10月22日，文绣、文珊及双方律师最后一次到庞纳律师事务所。互相验明彼此所写条件与底稿相符，文绣逐一签字，之后两边无语告别。

在静园的溥仪接到有关协议后，长长出了一口气，命令手下拟旨"废淑妃为庶人"。10月23日，京津沪三地报刊同时登出"上谕"："淑妃擅离行园，显违祖训，撤去原封位号，废为庶人。钦此。宣统二十三年九月十三日。"这场轰动全国的"皇帝"离婚案至此不无幽默地收场了。

文绣离婚后搬到北京辛寺胡同,先当小学教师,一年后辞职。后来迁居刘海胡同。日本投降后与一名叫刘振东的少校军官结婚,迁居西城区白米斜街。1953年9月17日因心肌梗死去世,葬于安定门外土城的义地。

"我曾给溥仪缝制衣服"

现在居住在解放北路的高凤阁老人曾亲眼见过溥仪,并给他缝制过衣服。高老今年94岁,是河北永清县人。他13岁时随父亲来到天津,在日租界春日街一家成衣局当学徒。

据老人回忆,成衣局与溥仪居住的张园很近。郑孝胥等遗老"上朝",都要从成衣局前经过。溥仪有时在园中假山上望街景,因此他能经常看到这位末代皇帝。

老人还说,成衣局掌柜的与张园的人很熟。溥仪做衣服,都是掌柜的去量尺寸和裁剪。他回忆说,溥仪袍子的长度是四尺一,料子都是玄狐、白狐、紫貂之类,以前从没见过。他们的任务就是将皮子配好面子,再进行缝制。溥仪身边的杨公公、白公公等都是熟人,他也曾给他们缝制不少褂子。

溥仪的结局

"九一八"事变后,溥仪在日本人威逼利诱下,决定到东北充当伪满洲国皇帝。1931年11月10日夜,经过精心策划,溥仪化装后藏在汽车后箱内,由日本人保护秘密离开静园,在海河边搭乘汽艇逃到大沽口外,又换乘商船潜往东北,开始了其傀儡生涯。

溥仪1931年3月当上伪满洲国执政,1934年3月改称皇帝,改元"康德"。1945年8月17日逃往日本途中被苏军俘获,1950年8月将溥仪移交给中国政府,1959年12月4日被特赦释放。后任政协第四届全国委员会委员。1967年10月17日在北京病逝。

按:本文刊于2004年12月10日《今晚报》第B2版"滨海·乡情"(《今晚滨海》专版第281期)。此文加挂栏头"图说天津600年"(第84期),为笔者正式启动"天津小洋楼的故事"专栏之前,撰写的一篇试验性文字,与其后的专栏在整体思路上完全一致,只是这篇小标题偏多,显得颇为零碎。另刊出时原无溥仪生平简介,此为收录到本书时新补。

小德张 1876年生，直隶静海县(今属天津)人。本名张祥斋，字云亭。1891年入宫当太监，排行"兰"字辈，取宫名张兰德，人称"小德张"。慈禧太后还曾赐名恒太。1892年入宫内南府戏班学京剧。1898年被提升为太后宫回事。1901年任御膳房掌案的，三品顶戴。1909年升任清宫大总管，权势煊赫一时。1913年退出宫廷到天津做寓公。1957年在津去世。

清朝慈禧太后垂帘听政时，宫廷中出了几位颇有权势的太监。除了大总管李莲英，最有名的就是——

寓居津门的小德张

清朝慈禧太后垂帘听政时，宫廷中出了几位颇有权势的太监。其中最有名的，除了大总管李莲英，就要属小德张了。小德张的后半生，全部是在天津度过的。近日，记者专门采访了其族孙张继和先生，了解了他在津寓居的经过及生活中的一些片段。

居京无安全感退隐天津

小德张1891年入宫当小伙计，因机灵干练升迁很快。1895年，他已经从太后宫的普通小太监，逐步升任敬事房打寝宫更、回事的、御前近侍、御前首领兼南府戏班总提调等。1900年八国联军侵略中国，慈禧太后逃往西安，小德张精心侍奉，进一步取得慈禧信任,回京后被破格升任为御膳房掌案的,地位仅次于大总管。

1908年,光绪和慈禧相继死去。根据慈禧遗旨,小德张升任长春宫四司八大处总管,其住所随即迁入原大总管李莲英住的西板院。1912年,清帝逊位,民国成立,小德张继续留在紫禁城,侍奉主政的隆裕皇太后(光绪的皇后),但时常受到袁世凯手下官吏的侵扰。

据张继和介绍,小德张退居天津有个很偶然的诱因。

1913年的一天,袁世凯的亲家、警察总监陆朗斋给小德张打电话说:"你订的头号炸弹一箱、二号炸弹两箱,明天派人送到总管府。"这无异于公开讹诈,小德张于是直接到中南海找袁世凯交涉,袁打电话将陆朗斋训斥了一顿,此事遂不了了之。

1913年,隆裕皇太后去世,小德张越发感到在紫禁城居住已无安全可言,于是决定移居天津。他先将府第转让给张勋,又将部分家具什物存到熟识的天贵号垫子铺,最后从北京前门站乘火车到了天津。到津不久,小德张就接到天贵号经理魏斌卿的电话,他存在铺里的东西被当局抄走了。小德张无法深究,只好一笑了之。

在津寓所先后换过六次

小德张到天津后,第一站便下榻在日租界芙蓉街(今河北路)和秋山街(今锦州道)交口处的一座小楼内。

不久,他在英租界买下楼房一所,全家一起搬入,并将其母亲唐氏从老家静海接来一起居住。该楼院现址为烟台道66号和66号增1号,为和平区小白楼房地产管理站。据房管站工作人员介绍,该楼最初是一位英国人建的私宅,其后人前几年还曾到此寻根问祖。

烟台道66号英国马号

重庆道55号庆王府(小德张旧居)

金林村4号小德张旧居

张继和介绍，小德张购买今烟台道楼房时，那里被称作"英国马号"。张继和本人，就是在这座小楼里出生的。小德张"英国马号"居所后来又几经变迁。1923年，小德张迁往今重庆道55号，将这所楼卖与曹锟之弟曹锐。后来，著名实业家孙冰如曾居住在这里。抗日战争期间，这里又成为伪天津商会会长邸玉堂的宅院。抗战胜利后，这里改为天津区汉奸财产清查委员会第三特别看守所，邸玉堂本人就被看押在此。新中国成立后，天津市房管局一度曾在这里办公。

据张继和介绍，重庆道居所占地6亩，进入大门可见19层台阶。拾级而上就是大玻璃罩棚的演戏大厅。楼顶有大平台，楼侧有大花园和假山。假山旁另有读书房和外客厅各三间。外客厅是小德张练剑抚琴的地方，名为"伴琴斋"。

搬入重庆道新居不久，正值小德张的母亲唐氏75岁大寿，于是约来京剧名角程永龙、李吉瑞、小竺英等大唱堂会，一时遗老遗少和国民党要员载振、载涛、马福祥、马鸿逵、傅作义等均到场祝贺。

1928年，唐氏去世，小德张为老太太出了大殡。殡仪队伍长达数里，从重庆道府门到达今天津北站，又换乘火车至静海，再转到老家吕官屯安葬。同年，小德张将重庆道府邸转让给庆王载振，这里遂成为赫赫有名的"庆王府"。新中国成立后，此楼为中苏友协天津分会会址，1968年起市政府外事办公室迁此办公。1991年8月，被天津市政府定为市级文物保护单位。

重庆道的房子卖与载振后，小德张搬到今河北路237号"马家楼"暂时居住。

马家楼是马福祥的居所，他曾任青岛市市长和安徽省主席。清末慈禧逃往西安时，马率军护驾，与小德张结识并结拜为兄弟。马家楼位于河北路、洛阳道交口，现在是和平区第五幼儿园。

马福祥宅的主楼由小德张居住，张继和则住临洛阳道一侧的两层小楼上。另据张继和介绍，今紧邻幼儿园的河北路宁静里，原来也是马家楼的一部分。马福祥的长子马鸿逵曾住宁静里1号，次子马鸿炳住2号，侄子马子丕住3号。

1930年，小德张搬入在郑州道、湖北路口新建的住宅里。楼分主楼和附楼，由封闭天桥连接。主楼四层，二楼有演戏大厅，可容400人。楼内地板均为菲律宾进口的软硬木镶嵌，花纹图案极为精美。室内陈设为中西款式的各种家具，富丽堂皇。院内大花园里建有荷花池、假山、凉亭等。

1951年,该楼转让给天津市纺织局,改为天津市第一工人疗养院。1976年唐山大地震中,主楼、附楼建筑受损,拆除后盖起新楼,现为驻津部队招待所。

在居住楼的一侧,从孟庄桥(在原墙子河上,约今南京路和曲阜道口位置)到郑州道,小德张还建起一排出租的门脸房,就是现存的永兴里1至15号楼房,从这些至今保存完好的建筑里,我们还可依稀想见当年主人居所的豪华。

1951年,小德张又购买了睦南道金林村4号楼房。金林村建于1939年,由黄金生、李茂林以及一个朱姓人合建,命名则从黄、李的名字中各选了一个字。1957年4月19日,小德张在这里辞别人世,终年81岁。

擅长票戏烹饪和建筑设计

据张继和介绍,小德张在晚清宫廷里,能在十几年时间平步青云,与他的聪明勤奋是分不开的。

他入宫不久,就因容貌清秀、身体健壮,被选入宫内戏班学唱京剧。经过三年苦练,他在宫中崭露头角,演唱嗓音甜润,武工非同流俗,常担纲演文武小生行当,受到慈禧太后赏识,因此被挑到太后身边当差。现在,张仲忱家中还保留有一张小德张与京剧名家杨小朵合演《破洪州》的原版照片,他在戏中扮演的是薛丁山。

小德张在宫中身居要职时才三十多岁。由于文化水平低,他经常抽空到南书房请翰林院学士给他讲《通鉴辑览》《十三经辑览》等。每天早晨起床后,除了练武术,他还练习写大字,龙、虎、鹅、寿等都能一气呵成,为的是能为隆裕太后代笔。

张继和说,小德张还是个建筑设计的行家。今重庆道"庆王府",就是他亲自设计的。他不但自己绘图,还不惜工本,精心选料,建成之后被誉为英租界华人楼房之冠。

正因如此,载振来津后才看中这所房子,屡次找小德张要求转让。最后载振以郑州道 8.75 亩空地、北马路四座门面房和 27 万元现金成交。

与重庆道住宅一起,小德张还帮助马福祥设计建造了"马家楼"。在马家楼居住期间,小德张又为自己设计建造了郑州道住宅。

因为曾任"御膳房掌案的",小德张的烹饪水平也很高。只是退居天津之后,他很少亲自下厨。

族人至今仍居最后老宅

记者采访的张继和先生为小德张的族孙。其祖父名叫张月峰,是小德张的亲哥哥。1894 年,小德张 18 岁时,由母亲唐氏做主,将张月峰的长子张书森过继给小德张为嗣子。张书森就是张继和的父亲。因此在回忆小德张的生平经历时,张继和一直称他为"祖父"。

张书森,字彬儒,1889 年生。1910 年,在天津军咨府文报局当帮办,租住在日租界的一所小楼里。小德张最初到天津时,就住在他的家里。张书森后来曾在冯玉祥手下当咨议,在马鸿逵部下任少将参议,还曾任山东省湖田局局长。20 世纪 30 年代中期起赋闲,一直在天津随小德张居住。1942 年在郑州道居所离世。

张继和,字仲忱。1917 年出生,6 岁起在重庆道居住时开始读

2005年5月4日采访小德张族孙张继和时留影

私塾。1929年,进入天津公学(耀华学校前身)读书。1934年,因租界连续发生绑票事件,遂不再上学,重新在家里念私塾。他未参加过正式工作,长大后就一直帮助小德张照看家中的产业。1964年,曾应市政协文史资料研究委员会之邀写作《一个太监的经历——我的祖父"小德张"》,全文约7万字,发表在《天津文史资料选辑》第十六辑上。

1998年,他又完成了《一个太监的寓公生活概况——回忆我的祖父小德张》,全文约六万字,尚未公开发表。

张继和先生现在与儿子、儿媳以及女儿、女婿一起生活在金林村老宅里,安度晚年。

按:本文为"天津小洋楼的故事"第8篇,刊于2005年5月27日《今晚报》第48版"滨海·乡情"(《今晚滨海》专版第394期)。

张勋 祖籍河北省清河县。1854年生于江西省奉新县南乡赤田村。本名系瓒,字玉质,号少轩。勋是塾师给改的名。晚年号"松寿老人"。19世纪80年代初在南昌投军,1895年入袁世凯新建陆军,任中军官兼工程帮带。随袁在山东镇压义和团,升任副将、记名提督。后调北京戍卫,1909年出任江南提督,1910年任河防大臣。进入民国后,张勋自命忠于前清,军队被编为武卫前军,但仍保留发辫。1913年任江苏督军、长江巡阅使。1915年拥袁世凯称帝,被封为一等公爵,兼督理安徽军务。1916年,召集各省督军密谋于徐州,以调停"府院之争"为名,于1917年率辫子军入京,拥立溥仪复位。但很快被段祺瑞推翻,退居天津租界。1923年9月12日在天津德租界寓所病逝。

88年前,张勋以在津寓所为基地,为复辟帝制进行了一系列准备活动——

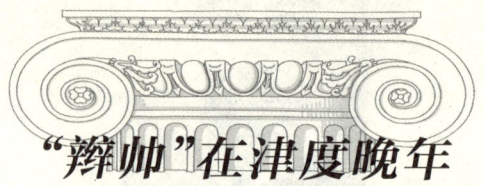

"辫帅"在津度晚年

今本市河西区浦口道6号是张勋旧居。88年前的1917年,张勋进入北京复辟帝制前夕,曾在天津停留近一周时间。他以在津寓所为基地,为复辟帝制进行了一系列准备活动。

1916年袁世凯死后,继任总统黎元洪与国务总理段祺瑞为争夺权力,爆发了"府院之争"。1917年,黎解除段总理职务,由李经羲

浦口道6号张勋旧居

(李鸿章之子)接替,但段控制下的各省纷纷宣布独立,李不敢履任,只好躲在天津租界家中。为此,黎元洪电邀驻防徐州的长江巡

阅使、安徽督军张勋进京调停,张遂乘机拥戴末代皇帝溥仪重披龙袍,导演了一出复辟闹剧。

在津复辟紧锣密鼓

1917年6月8日早晨6点,天色已经大亮。一列满载士兵的军用列车,从天津西站飞驰而过。令车站工作人员奇怪的是,中华民国已经成立6年了,这些士兵的脑袋后面都还拖着辫子。这支军队就是张勋统帅的定武军,因张勋民国后以清朝忠臣自命,军队留有发辫,因此张勋被称为"辫帅",所部被称为"辫子军"。

6点30分,拉着大炮和机关枪的辫子军路过西站。7点30分,拉着马匹的列车通过西站。8点30分,又一列军用列车从徐州方向驶来,缓缓停到西站。车上下来300多名辫子军,之后一位年过六旬的军官在卫队簇拥下走下列车,此人就是张勋。

根据记载,我们可以整理出张勋在津活动时间表,从中可以看出他为复辟帝制,于各派之间求得支持的繁忙。

1917年6月8日上午8点30分,张勋乘军列从徐州抵达天津西站;

8日上午8点40分,到省公署拜会直隶省长朱家宝;

8日上午9点5分,到河北天纬路李经羲府上会谈;

8日上午9点45分,到东营门外徐世昌家中拜访,谈及复辟事情,被徐泼了冷水,徐只是希望张能够帮李经羲出任内阁总理;

8日中午11点15分,回到寓所休息;

8日下午,由徐世昌领头,朱经田、雷震春、段芝贵、梁启超等一

同到张勋寓所拜访,直到深夜11点才渐渐离去;

8日夜,黎元洪派夏寿康到天津接张勋进京,张提出实行责任内阁、解散国会、解散省议会、改定宪法、惩办总统府军事幕僚处的有关人员、特赦政治犯共六项条件;

9日上午8点,到段祺瑞寓所拜访;

9日上午10点45分,回到寓所;9日上午11点,接待各国来宾;

9日上午,拜访铁良、那桐等清廷遗老;

9日夜,徐世昌、段祺瑞访张勋,随后李经羲、杨度等人来访;

10日,发电威胁在京代行总理职权的伍廷芳;

13日,黎元洪解散国会,张勋通电全国宣布准备进京;

14日上午11点,乘专车同李经羲共赴北京。

复辟失败退隐津门

张勋和李经羲到达北京后,李虽然就任总理职务,但遭到了北洋内部和外国势力的抵制,反对李内阁的电文雪片般地飞向北京。就在此时,天津遗老们的一封信,让张勋最后下定了复辟的决心。

这封由陈曾寿代表清朝遗老给张勋的信中说,统一的局面已经破裂(当时不少北洋军阀控制的省份已宣布独立),各地都乱了起来,因此摆在张勋面前的只有两条路:一条是复辟,成功可建"不世之功";一条是后退,如此则有"不测之祸"。希望张勋能够权衡得失,早下决断。

张勋看到天津遗老的信后,认为很有道理。1917年7月1日凌晨3点,张勋穿上蓝纱袍、黄马褂,戴上红顶花翎与康有为等人进入紫禁城,废帝溥仪在养心殿召见张勋,并"勉为其难"地接受复位请求,连下早已拟好的八道"上谕",开始复辟之路。

失去总统权位的黎元洪,重新宣布任命段祺瑞为国务总理。段立即策动驻天津马厂的李长泰、驻廊坊的冯玉祥、驻保定的曹锟等部组成讨逆军,自任讨逆军总司令。

7月12日凌晨,讨逆军进抵北京。张勋指挥3000辫子军在天坛一带抵抗,刚一交锋就土崩瓦解。张勋见大事不好,骑上一匹快马,直奔自己在南河沿的公馆,带着家眷跑到荷兰使馆躲了起来。溥仪同日宣布退位后逃入英国使馆,复辟闹剧就此收场。

复辟失败后,张勋从荷兰使馆退隐天津租界寓所,一直到最后去世。

人们习惯上把张勋看成一介武夫,其实他颇具经营头脑,这从他在天津期间的实业经营情况就能看出。

1918年张勋被特赦以后,在九江、徐州、宣化、济南、北京、天津、南昌等地都有重大投资。其中在天津的投资,包括裕大纺织公司、裕元纺织公司、大陆银行、大业银行、金城银行、松寿当行等。据曾任张家账房先生的侯艺文回忆,张勋在天津的几大金店也都有投资,此外还有不少独资的中小商号。

1921年,张勋请门客代笔,写下相当于个人小传的《松寿老人自序》,对在津寓公生涯有简略记述:

"此数年间,尘事不撄,闭门多暇,日辄浏览《通鉴》,或习大字,不复与世相闻。"其实张勋的生活远没有这么单调,除与亲交故旧交往外,他还特别喜欢打牌和听戏。为打牌助兴,他重金搜罗来4个高矮胖瘦相似的女孩子,组成"美人麻雀队",当成"东西南北"四张风牌使用。为听戏方便,他在巴克斯道(今保定道)寓所建有专门的戏楼。据《复辟始末记》记载,张勋宴客酒酣耳热之际,还亲自登台扮戏,并自称"小叫天第二"。

两处旧居至今完好

张勋在津旧居现存有两处,一处在原德租界六号路东口,现门牌号为浦口道6号;另一处在原英租界利斯克目道(今山西路)和围墙道(今南京路)交口处,现门牌号为南京路100号。

南京路100号张勋旧居

张勋浦口道宅范围,东起今台儿庄路,西至江苏路,南抵浦口道,北达蚌埠道,占地面积近25亩,属于带外廊的德国庭院式住宅。

据记载,该住宅建于1899年,为日耳曼风格,由德国工程师设计,为两幢相连的砖木结构两层洋楼。共有楼房56间,平房54间,建筑面积5632平方米。

住宅东临海河,由洋楼把宅院分成南北两个部分。北院为前院,迎面有假山如龙,自东向西而卧。山顶有泉水飞流直下,龙身上点缀着三座凉亭,还有数个汉白玉撑伞石人,传为仿皇家园林的托盘承露铜人。南院为后院,西南有六角凉亭,中间有荷花池和四季常青花坛,东南叠石为山,其状如虎。

虎山解放后拆除,据张勋之孙张青霖介绍,今人民公园正门迎面假山,即由虎山拆去的太湖石叠砌而成。石人"文革"中被毁。

两座楼中,西楼是会客室,装饰豪华,由高台阶进入圆形门厅,有廊子相连,底层设戏楼,有两层看台。东楼为起居楼,建筑整体呈狮子状,立面简洁,四坡蓝瓦顶,局部有尖顶塔楼,颇有科隆大教堂风韵。上有风向标,底层为圆拱门窗,彩色玻璃。

据记载,这所寓所原为清末皇族的私宅,清亡后归了张勋。张勋死后,家属将其转卖给盐业银行。

1936年常鸿钧任国民党实业部天津商品检验局局长时,向盐业银行抵押贷款25万元(首付5万元,其余10年本利还清)购得此宅,作为商检局办公楼。同年9月15日,商检局迁入办公。新中国成立后由天津商检局使用。

1999年7月27日,天津商检局与天津动植物检疫局、天津卫生检疫局合并组建天津出入境检验检疫局,这里成为出入境检验检疫局办公处所之一。1964年,天津商检局在浦口道开门,原朝向海河的大门废弃,遂成为今天的格局。随着海河两岸综合开发改造,许多建筑被拆除,这座老宅又更多地展示给了世人。

张勋在英租界巴克斯道的宅院,今人记载多称已拆除,原址即保定道小学。其实,张勋在这里的住所还保存完整。记者近日通过采访张青霖和实地探访,终于弄清了事情的来龙去脉。

原来,张勋这处住所也是大宅院,三面分别面临今保定道、山西路和南京路。这里有坐北朝南楼房两所、平房若干和戏台一所。

南楼为三层西式楼房,带地下室和两层配楼,面对当时的墙子河,即今南京路100号。这里现为居民大杂院,住有近20户人家。主配楼有楼梯连接,只是现在进入主楼的门已被封死。

据今年68岁的居民运大娘介绍,她在这里已住了三十多年,邻里间都知道张勋在这里居住过。在运大娘指点下,记者还看到院中有圆形建筑的痕迹——这里原来是一个喷水池,后来被破坏掉了。据张青霖介绍,他的祖母邵雯(张勋的二夫人)一直住在这里,而张勋的大夫人曹琴,则住在浦口道宅子。南楼1948年天津解放前夕售出,张青霖的父亲张梦汾等在今新华路另购洋楼一所(已拆除),张青霖就是在新华路出生的。

北楼即两层戏楼,位置大约在原保定道小学教学楼处。学校操场西南部,靠近南楼配楼的地方,就是戏台的位置。记者站在配楼上,可以清楚地看到操场上活动的学生。靠近今山西路的平房,是附属于戏楼和戏台的,作为演员化妆室等使用。据记载,北楼1929年卖给私人,不久改建为"慈惠小学",即后来保定道小学前身。近年本市教育资源调整,这里如今成为长沙路小学的一部分。戏楼在唐山大地震中受损,拆除后建起今小学教学楼。

临山西路现为和平区第三幼儿园,是从保定道小学析地建立的。原平房建筑20世纪90年代拆除,建起三层新楼房。

另据张青霖介绍,张勋在天津还有松寿里、延寿里和颐寿里三处房产出租。

张勋的辫子至死未剪

1923年9月12日,张勋在德租界公馆病逝。实际他晚年身体尚好,除腰腿疼和痰多等常见老年病外,没有大的毛病。当年8月底一场秋风,张勋偶感风寒,十来天后便辞世了。由于死得突然,因此社会流传着一些说法。传去世当天张勋头昏胸闷,肚子也疼,便请来日本医生,诊断后开了两包药。张勋用温开水送下一包,一直睡到半夜醒来,之后在床上翻滚折腾了一阵就断气了。

张勋的辫子至死未剪,一直带入棺材。溥仪下谕旨,谥张勋为"忠武"。他的灵柩即停放在

作者与张勋之孙张青霖合影

保定道寓所戏台处,最后经过周折,运回老家江西奉新安葬。张勋死后,当时政界闻人和文化名流纷纷致电哀挽,这些祭文、哀诗和挽联,后来他的家属在门生故吏的帮助下,专门编辑了一本《奉新张忠武公哀挽录》。这些挽联中,甚者将张勋捧为狄仁杰、韩世忠、文天祥,不能不让人有啼笑皆非之感。

张勋有九男五女,长子梦潮、次子梦洙、三子梦江、四子梦渭、五字梦范、六子梦清、七子梦津、八子梦渊、九子梦汾;长女梦湘、次女梦绮、三女梦织、四女梦绸、五女梦络。梦潮是20世纪40年代京津著名票友。梦湘嫁潘复的四儿子,梦络嫁陈光远的七儿子陈金荫。除梦络现居天津外,其余均已离世。记者采访的张青霖,为梦汾长子。

按:本文为"天津小洋楼的故事"第17篇,刊于2005年9月15日《今晚报》第51版"滨海·乡情"(《今晚滨海》专版第473期)。

潘复 山东济宁人,1883年生。原名贞复,字馨航。清末举人,曾任山西巡抚陆钟琦幕僚。1912年在南京临时政府财政部任职,不久入程德全幕任秘书。1913年任山东省实业司司长,1920年兼任山东省筹赈会会长。1916年任全国水利局副总裁、署理总裁。1919年至1921年,三次出任北洋政府财政次长。1925年张宗昌任山东军务督办,委任潘为督署总参议。1926年,张作霖入京主政,9月潘任财政总长。1927年,任国务总理兼交通总长。1928年6月退居津门过起寓公生活。1936年9月12日在北京病逝。

在北洋各派系人物中，他资历不深能力不强，但却多年身居要职，于政坛风云变幻中游刃有余——

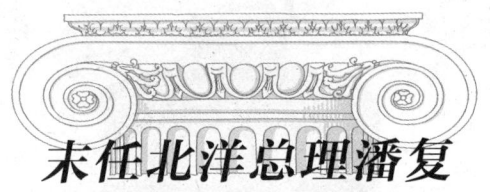

末任北洋总理潘复

今马场道2号西式洋楼，曾经的主人是北洋政府末任总理潘复。潘复非常善于利用各种关系，在北洋各派系人物中，他虽资历不深能力不强，但却多年身居要职，于政坛的风云变幻中游刃有余。

一人奶出两位总理

潘复青年时代曾任江苏都督程德全的秘书。有一次山东都督周自齐与程德全会于徐州，周为联络感情，对程说："尊处如果有人需要安插，可到敝处来！"程回南京后，问属下谁愿意去山东，可以推荐。由于江苏的生活比山东舒适，所以大家皆无去意，只有潘复是山东人，萌生回乡念头，被荐到周处。周自齐对潘非常优待，委其为劝业道道尹，旋改山东实业司司长。1914年周任北洋政府财政总长，委潘复为参事，为潘后来在财政部内的擢升打下基础。1919年11月，北洋政府总统徐世昌任命靳云鹏为国务总理，靳组阁时，任命潘复为财政次长。

靳云鹏重用潘复，不仅仅因为是山东济宁同乡的关系，两人之间还有一段更深的因缘。潘复的父亲名叫潘洁泉，曾在河南任州官，其时潘复出生，但夫人没有奶水。恰巧靳母在山东济宁家乡刚生下靳云鹏的弟弟靳云鹤不久，因家境贫苦，被潘洁泉雇来给儿子当奶母。靳母于是随潘家到河南任所，精心哺养潘复。1914年，靳云鹏加封泰武将军衔，督理山东军务，潘复乃登堂拜母，并与靳结为异姓兄弟。

1920年，靳云鹏再次组阁，潘复任财政次长兼盐务署署长，不久总长周自齐去职，潘复署理部务。1921年5月，靳云鹏第三次组阁，潘复再次以财政次长名义署理部务。1921年12月，靳云鹏因财政困难请求辞职，潘复也一同去职避居天津。

1927年6月，张作霖掌控北京政府后，潘复出任国务总理。潘复的这届总理干了接近一年，成为北洋政府历届内阁中最长的。因为靳云鹏的母亲喂养过潘复，因此民间遂有了"一人奶出两位总理"的说法。

善赌铺平升官道路

在潘复平步青云的过程中，张宗昌起过很大的作用。说起与张宗昌的交情，潘复是通过赌博搭上关系的。

潘复有赌博的嗜好，1920年张宗昌被江西督军陈光远打败，郁郁不乐退居北京。其间张宗昌与潘复交往日密，常在一起赌博。一次张宗昌欠赌债一万余元无力支付，潘复就叫他开一张边业银行的空头支票。边业银行经理王琦原在潘家任管事，潘这时又在财政次长任上，王被迫不得不付款。后来潘复又送张宗昌数千元，资助他去东北投奔张作霖。1924年张作霖第二次进关时，张宗昌任奉军第二军副军长。

当时北京有个《社会日报》，其主笔林白水是很有名的记者，经常著文抨击时政，张宗昌、潘复都曾在挨骂之列。林白水多次含沙射影骂张宗昌是"长腿将军"，说其部队遇到敌人撒腿就跑。1923年1月林著文揭露潘复贪污，说他"总共做了一年零几个月的财政次长兼盐署署长，在北京就买了两所大房子，连装饰一切，大约花去十万块钱。又在天津英界，盖一座大洋房，光是地皮，就有十亩之大，一切工程地价，统共花去十五万块"。又因潘复追随张宗昌非常紧密，林白水就骂他为"肾囊总长"，因此张潘两人对林白水恨之入骨。1926年，借张宗昌在北京之机，潘复竭力挑拨张宗昌将林白水逮捕，于8月6日在北京天桥枪决，成为轰动全国的大案。

潘复因赌结交张宗昌，民间还有更生动的传闻。说潘与张是同乡兼赌友，每次张到北京必到潘家豪赌。一次张宗昌坐庄推牌九手气不顺，潘复押了几注，张宗昌就输光了。张急红了眼，从口袋里掏出刚从陆军部领来的5万元军饷支票，当场签名拍在赌桌上。可张宗昌手气太背，揭开牌就傻了眼。潘复把支票捡起来，慢慢揣进西服口袋。

赌后两人到了赌场专设的"福寿间"，躺上烟榻吞云吐雾吸鸦片。看着潘复笑吟吟地调理烟枪，张宗昌恨不得上前将他掐死。潘复并不气恼,他收拾好了烟具,揭开烟灯罩点火。只见他从口袋里掏出一张纸,叠成引火纸捻,就着烟灯把纸捻引着,一直到烧成灰烬。张宗昌在一旁看得清清楚楚,纸捻正是那张5万元支票。他不禁高叫道:"馨航(潘复的字),这是——"潘复摆摆手说:"咱哥们义气,就值5万块钱吗?"此事令张宗昌感动不已。

津宅成了"俱乐部"

潘复1922年下台居津的时候,与直系人物吴毓麟走得很近,经常在一起打牌、听戏,并且每星期必在潘家聚餐一次。潘复还广泛结交,经常在居所举行各类聚会,使其津宅成了在津朝野官僚的"俱乐部"。

前面说过,张宗昌曾被陈光远打得落花流水,被迫出关投奔张作霖。1924年奉军入关,张宗昌当了山东督办,这时陈光远下台居津,张宗昌找陈算老账,想敲一笔竹扛。潘复听说此事以后,便以和事佬自居,出面调停。他一面指使吴毓麟去和陈光远讲价钱,一面自己去疏通张宗昌。一切谈妥后,就由潘复出面请陈光远、张宗昌、吴毓麟吃饭,饭后他把陈光远、张宗昌两人让到一间小客厅里,对他俩说:"大家都是我的好朋友,是自己人,没有什么说的,有事你们二位自己谈吧!"说罢就退了出来。

据潘家的佣人后来回忆说,他们从门缝看到,陈光远向张宗昌作了三个揖,又拉着张宗昌的手说:"兄弟用钱没关系,尽管和我说,能办得到的,一定办!"并随手递给张宗昌一张支票,后来听说是20万元。张宗昌也对陈光远说:"过去的事,一笔勾销,咱们还是好朋友,你有用我的时候,也尽管说话。"事后陈光远酬谢了潘复10万元。

1922年第一次直奉战争中,孙传芳曾把张作霖打得大败。1926年,孙在江西被北伐军打败,只身逃到天津,非常害怕张借机报复。孙和潘复是同乡,到津之后就住在潘家。潘先将张宗昌找来与孙见面,之后孙传芳由张宗昌陪同去见张作霖。孙传芳见到张作霖后,又是赔礼又是认罪,表示今后一切都听张作霖指挥。张表示对孙不咎既往,并让张学良等好好招待。后来孙传芳发起拜金兰谱,有张学良、张宗昌、褚玉璞、潘复、杨宇霆等人。这次结拜,为潘复1927年爬上北洋政府总理宝座奠定了基础。

旧居现已残破不堪

1928年,在北伐军进攻下,掌控北京的张作霖决定撤退到关内。作为国务总理,潘复也表示让贤,国务院事务交许宝衡负责。6月3日,潘复乘列车随张作霖出京前往沈阳。4日,张作霖在皇姑屯被日军炸死,潘复万幸逃过了劫难。原来潘复上车后,自忖内阁成员多是奉系资深人物,自己虽是总理,也只能小心秉承张作霖、张学良父子意志行事,到了东北,处境将更加险恶。因此他在列车停靠天津时,最终决定下车作寓公。

潘复旧宅在英租界马场道东头与南京路交口附近,现在门牌是和平区马场道2号。这是一座典型的西欧风格花园住宅,占地十余亩。该楼于1919年由潘复委托开滦煤矿董事庄乐峰,邀请法国建筑师设计并承包建造。主楼分东楼和西楼,由过渡性门厅自然连接,三层砖木结构,瓦垄铁顶,水泥抹面。门窗和地板一律用菲律宾木料,楼内设五面形阳台。主楼的东楼下为招待达官显贵的客厅,西楼下为接待亲友客厅。整座住宅有楼房和平房17间,建筑面积3827.99平方米。宽阔的院子用铁栅栏围墙,种植各种花木与草坪绿地,院子中间有甬道直通主楼正门。

近日,记者到潘复旧居进行了踏访。记者在现场看到,旧居的院子已经被分隔成了两部分。其中一部分是地铁一号线的工地,院中堆满了钢筋、水泥等各种建筑材料。远远可以望见旧居东楼的一部分,白色水泥饰面在阳光的照射下,显得十分惹眼。与工地临时大门相去不远,是潘复旧宅的真正大门。旧式的铁门依然完好,围墙的铁栅栏上镶嵌着文物保护标牌。大门紧锁着,正对大门的是一条四五十米长的甬道,通向宅院的深处。由于树木的阻隔,旧宅建筑主体无法看清。

据记载,潘复旧宅新中国成立后曾作为市农林局的办公地,20

重建前的马场道2号潘复旧居

世纪90年代初迁出。记者试着叫门，门房里出来一位中年人。他说院内除了他，已空无一人了。记者问能否进去拍些照片，他痛快地打开大门说："你随便拍吧！"甬路直通旧宅正门，门前一片狼藉，与垃圾场相仿。房子的墙壁斑斑驳驳，门窗也大多被破坏。很明显，这里已很久没有人来过了。只有从旧宅柱头和檐下的雕饰上，还可以看出它当年的豪华。主楼背后和西侧，有平面呈"L"形的附楼和平房，这是主楼的附属设施和佣人的居所。在一所房子里，记者发现了锅炉房的痕迹。另一所坡顶平房的门上，还残存有"印刷中心"四个大字。从这里，我们可约略推知市农林局迁出后宅子的用途。主楼后面，记者还意外发现一株长势良好的西葫，婴儿拳头大的果实惹人喜爱。西葫的来源，显然是被无意中丢弃到垃圾堆中的一粒种子。看门的人姓张，他说刚来这里四天，对宅子情况完全不知道。但他肯定地说，这里将建天津市第二十中学示范校，闲置的院子就是备用地。至于建学校时老宅子是否保留，就不得而知了。

经济和家庭情况

潘复在财政部的时候大权独揽，他利用机会大发其财。譬如发行公债，在北方由他自己联系各银行，在南方则由上海的虞洽卿、陶希泉替他主持推销。他打算在南方销多少，虞、陶二人就设法替他销多少，彼此之间都有相当的好处。他还和虞洽卿联合组织劝业银行，推靳云鹏为董事长，虞洽卿为常务董事兼上海行经理，实际上潘是后台的实力老板。发行公债之先，他先和海关税务司联系好，得到总税务司英人安格联的同意之后，就预先通知虞洽卿等向各银行商洽推销或押款,从中套购牟利,遇到行情将有变动,也预先通知他们乘机倒手,大捞一把。

潘复主持财政部时,北京军警的饷源,应由财政部筹拨。这本是财政部的特别开支,潘却常用公债或国库券向各银行抵押借款,各银行只好认头挨敲。

潘复在山东组织过丰大银行,美其名曰是办理储蓄事业,而实际上等于私人账房,所收储蓄存款任意提用。他在济南还组织过鲁丰纱厂,陈光远、靳云鹏、田中玉、王占元、庄乐峰等人都是大股东。这个厂后来搞得一塌糊涂,在赔得不可开交的时候,潘复想出一个找"替罪羊"的办法,叫庄乐峰的儿子庄云九去当经理。庄大少爷本来不懂经营,厂里的事但凭下面一报,他就签名盖章。结果后来股东要和庄云九打官司,结果还是其父庄乐峰拿出十几万元来了事。

潘复还有很多特别的生财之道。他代理财政部部务时,任命李杜芬为塞北关监督,李书勋为津海关监督。这是两个肥差,每年三节他们对潘都有报效。旗人巡抚英翰的儿子,曾和潘复在一起念书,后家道中衰,到京找潘谋事。潘在部里给他安插了一个差事,此人觉得无以为报,就把其父亲的几箱古书、字画送给了潘。潘复称其收藏有二宝:一是《华山碑》,一是宋版《通鉴》,故书斋取名"华鉴阁"。

重建前的潘复旧居附楼

《华山碑》是用8000元从端方家买来的,宋版《通鉴》就是英翰之子的礼物。

潘复除原配夫人外,还有四个姨太太。潘复至少有四个儿子和两个女儿。四子潘葵生,新中国成立前在大来贸易行工作,新中国成立后移居北京,曾在长辛店中学教书,其夫人是张勋的长女张梦湘。长女潘耀芹,嫁陈光远第六子,2004年1月在津去世。潘复另有一子叫潘耀星(不知是否即潘葵生),1926年生。据北京《京华时报》报道,前不久他曾到北京石刻艺术博物馆,参观父亲潘复的墓志盖。

按:本文为"天津小洋楼的故事"第18篇,刊于2005年9月19日《今晚报》第35版"滨海·乡情"(《今晚滨海》专版第475期)。

孙传芳 字馨远，山东历城人。1885年生，1908年毕业于日本陆军士官学校。1921年8月任长江上游警备司令兼第二师师长，成为直系军阀干将。1923年1月任福建军务督理。1924年江浙战争中出兵浙江，任闽浙巡阅使兼浙江军务善后督理。1925年奉浙战争中打败奉军，占据沪苏皖一带，自任浙、闽、苏、皖、赣五省联军总司令。1926年11月在江西战场为北伐军击溃，投靠张作霖，与奉系直鲁联军张宗昌部联合与北伐军作战。1927年又失苏皖地盘，8月反攻南京，在龙潭兵败。1928年逃往沈阳，后避住大连、天津。1935年11月被为父报仇的施剑翘刺杀。

> 整整70年前的11月13日,天津老城东南角草厂庵的佛教居士林里,突然传出三声枪响——

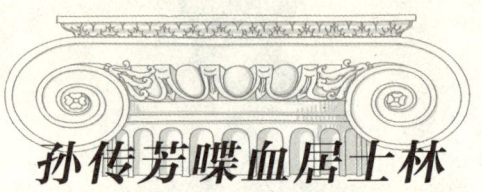

孙传芳喋血居士林

1935年11月13日,寒风裹挟着冷雨,天津的街上行人稀少。约下午2时30分,老城东南角草厂庵的佛教居士林里,突然传出三声枪响,曾经赫赫有名的苏闽湘皖赣五省联军总司令、北洋军阀孙传芳倒在血泊之中……轰动全国的施剑翘为父报仇案发生了。

"笑虎将军"违惯例斩杀施从滨

民国时期政坛刺杀成风,其中很多血案也疑雾重重,但都没有施剑翘刺杀孙传芳这样富有传奇色彩。故事还得从头说起。

施剑翘,原名施谷兰,1905年生。其父施从滨,安徽桐城人,1867年生,天津北洋武备学堂毕业。他最初属直系,1913年随冯国璋占领南京，升混成旅旅长；后归皖系，任山东兖州镇守使、山东暂编第一师师长等；复又投奉系，任山东军务帮办兼奉系第二军军长。1925 年 11 月第一次直奉战争中，施从滨随张宗昌进攻安徽，与直系军阀孙传芳作战，任奉军前敌总指挥。在安徽固镇，施从滨坐在铁甲列车内指挥战斗，这时孙传芳的第二军谢鸿勋部上官云相团，绕到固镇铁桥以北，切断了奉军归路。施从滨腹背受敌，下令铁甲列车开足马力向北逃跑。这时固镇铁桥上，挤满了溃退的奉军士兵。施从滨犹豫了一下，最后闭上眼睛，命令列车开上桥去，顿时桥上血肉模糊，惨不忍睹。列车驶过铁桥，施从滨刚松了一口气，没想到铁轨已被上官云相团拆除，列车倾覆路边，施从滨被俘。

施剑翘

　　施从滨是北洋宿将，当时年近七十，须发皆白。他身着上将制服，下车后很自然地对孙军将领说："你们辛苦了！"谢鸿勋派人将施从滨送到蚌埠五省联军总司令部，并写了一份报告，要求优待施从滨。施见到孙传芳后，给孙行了个军礼，孙传芳满脸笑容地握着施从滨的手说："施老，你好啊，你不是要来当安徽督办的吗？请你马上去上任吧！"

施从滨随即被推出去，交军法处审讯，决定立即斩决。部下高级将领劝孙传芳说，斩杀俘虏有违惯例，尤其是对施从滨这样的有影响人物，更是要慎重。孙传芳声色俱厉，执意要杀施从滨。卫队团长李宝璋把施从滨押到蚌埠车站南边旷野，执行了斩决。由于孙传芳常常表面笑容可掬，背地心狠手辣，因此时人送他一个"笑虎将军"的绰号。

希望两次落空 施剑翘亲自寻仇

施从滨被杀时，其女儿施剑翘刚刚20岁。她痛彻肺腑，立誓要为父报仇，并写诗明志说："战地惊鸿传噩耗，闺中疑假复疑真。背娘偷问归来使，恳叔潜移劫后身。被俘牺牲无公理，暴尸悬首灭人伦。痛亲谁识儿心苦，誓报父仇不顾身！"

那时，女子抛头露面尚且不易，要手刃孙传芳这号防卫森严的大军阀，就更难了。因此施剑翘先是将复仇希望寄托在堂兄施中诚身上。施中诚幼年丧父，一直由施从滨夫妇抚养，视如己出。施中诚从保定陆军军官学校毕业后，得到伯父施从滨扶助，升迁很快。施从滨遇害后，他已当上了烟台警备司令。然而施中诚不愿断送前程，去为伯父讨还血债。施剑翘一怒之下写了封长信，与施中诚断绝兄妹关系。

1928年，施剑翘结识了施中诚保定军校的同学施靖公，他当时任山西军阀阎锡山部的谍报股长，对施剑翘深表同情，并将胸脯拍得山响,表示时机成熟,愿替施剑翘报父仇。不久,施剑翘嫁给了施靖公。可是婚后,施靖公就把为岳父报仇的事抛到了脑后。当施剑翘提醒时,他还巧辩开脱。两次失望后,施剑翘不再把希望寄托在别人身上,决定自己动手为父报仇。1935年6月,施剑翘带着孩子离开山西太原,回到天津娘家居住,并开始寻找孙传芳。行前她再次赋诗明志说:"一再牺牲为父仇,年年不报使人愁。痴心愿望求人助,结果仍须自出头。"

1926年,孙传芳在九江与北伐军作战,结果全线崩溃。四面楚歌声中,他谋求与老冤家张作霖合作。同年11月,孙传芳秘密化装,乘坐普通客车,由南京赴天津,参加张作霖主持的蔡园会议;12月,张作霖在天津蔡园就任安国军总司令,孙传芳为副总司令兼第一军团总司令,驻守南京对抗北伐军。1927年8月,孙传芳在龙潭战役中,被白崇禧统领的北伐军打得大败。1928年,孙传芳追随奉张退至东北,将家属迁至大连居住。张作霖死后,张学良任命孙传芳为东三省军务总指挥,并在少帅府设孙联帅办公室。1929年11月,孙传芳以在大连的张夫人患病为由,常居大连。1931年"九一八"事变后,孙传芳携全家来到天津租界寓居。

施剑翘"血溅佛堂"击杀孙传芳

施剑翘回到天津娘家时,孙传芳在天津居住已经快四年了。昔日杀人如麻的五省联帅,此时摇身一变,成了天津居士林副林长和佛学会理事长,法号智圆。他还吟诗自解说:"英雄到老终归佛,名将还山不言兵。"

1935年中秋节,施剑翘在法租界大光明电影院门口认出了孙传芳那辆牌号为1093的黑色轿车。散场后,她首次近距离地见到戴着墨镜的杀父仇人。因为散场时观众很多,施剑翘担心伤及无辜,踌躇间孙已登上汽车扬尘而去。此后施剑翘多次到英租界孙氏豪宅周围探察,但那里高墙电网门卫森严,令她徒唤奈何。

农历九月十七日,是施从滨的十周年忌辰。施剑翘在天津日租界花园街观音寺为父亲举行纪念法会,恭请居士林的富明法师前来诵经。施剑翘跪哭不止,富明法师劝她说:"善女节哀,亲人故去,哭也无益,不如皈依佛门!"第二天,施剑翘化名"董慧",经一位张姓女居士介绍,入了居士林。施剑翘很快就摸清了孙传芳的活动规律,知道他每周三、六必到居士林听经,随即对刺杀孙传芳做了具体安排。她让弟弟将母亲接到南京,又买来油印机,印出《告国人书》等传单。11月13日是星期三,是施剑翘预定下手的日子。当天阴雨绵绵,午饭后还未停止。施剑翘估计孙传芳不去听经了,便空手到居士林观察,孙果然没来。可正当她与别人谈话时,披着袈裟的孙走进了佛堂。施剑翘急忙租汽车赶回家中,带好手枪和传单等,返回居士林入座。施剑翘见离孙传芳的座位有些远,便向看堂人说:"我的座位离火炉太近,烤得难受。前面有些空位,可不可以往前挪一下?"得到许可后,施剑翘缓步走到孙传芳座后,紧接着就发生了本文开头的一幕。

枪击案发生后,居士林的道友魂飞魄散,都被吓得瘫坐原地,竟然没人想到往外奔逃。施剑翘站起身,大声疾呼:"各位道友不要怕,我为父亲报仇,决不会伤及无辜!"说完从小包里掏出一大把传单,散发给大家,只见上面写道:"各位先生注意:一、今天施剑翘(原名谷兰)打死孙传芳,是为先父施从滨报仇。二、详细情形请看我的告国人书。三、大仇已报，我即向法院自首。四、血溅佛堂，惊骇各位，谨以至诚向居士林及各位先生表示歉意。"后面是施剑翘的落款和手印。

孙传芳在津居所及其后人情况

据记载，孙传芳1931年迁居天津后，先住在法租界三十二号路（今赤峰道），后来迁入英租界二十号路（今泰安道）。

孙传芳被刺杀前，居住在今泰安道15号洋楼，现由天津市计划生育委员会办公使用，已被列入天津市文物保护单位。这是一座别墅式住宅，建于1921年至1922年，是孙在津居所中最豪华的。

泰安道15号孙传芳旧居

住宅占地面积 3700 平方米,总建筑面积 2628 平方米。主楼是两层西式楼房,局部三层并带地下室;混合结构,多坡屋顶,四周设有封闭式回廊。右侧配楼是护卫及佣人住房,主配楼相连处是儿童用房。住房装饰豪华,色调和谐。主楼立面正入口处有四根爱奥尼克柱,二楼为列柱外廊,配有矩形、圆形、蚌形老虎窗,屋脊中部设计了装饰性凉亭,体现出古朴典雅的欧洲折中主义建筑风格。

赤峰道 129 号孙传芳旧居

记者在现场踏访时看到,除了昔日的高墙电网已被镂空围栏取代外,孙传芳这处旧宅至今保存完好。门楣上额的三角形山花装饰仍然清晰可见,显得十分别致。

至于孙传芳曾在法租界三十二号路(今赤峰道)居住,已经是学者的共识。但究竟今日赤峰道哪所老宅曾属于孙传芳,还鲜有人知。近日记者在踏访著名民族实业家宋则久旧宅的过程中,无意中发现了一所与孙传芳有关的房子,很有可能就是孙在法租界的最初居所。

孙传芳的这所住宅位于今赤峰道 129 号。前不久,记者拿着一份资料,到赤峰道寻找宋则久旧宅,资料中将 125 号错写成了 129 号,于是记者无意中闯进了 129 号这个曾属于孙传芳的封闭院落。昔日豪华的洋楼,已经被临时建筑挡住了大半,根据资料记载的宋则久旧宅特点，我开始一条条核对。除了都是两层这点一致外，其他毫无共同之处。是不是唐山大地震后外观改变了？

记者抱着一线希望询问院中居民。居民告诉我，宅子新中国成立前不姓宋，而是姓孙，就是孙传芳，孙的七姨太曾长期住在这里。记者又询问楼内的结构，居民说孙传芳曾住二楼正中居室，四周是"回"字形走廊，就是可绕居室转着圈散步。这种结构，与孙传芳泰安道居所的封闭回廊如出一辙，在天津其他洋楼中极其少见。据说是孙总担心有人刺杀他，因此每晚入睡后就让家人和警卫等绕着居室巡视，以防不测。赤峰道宅的"回"字形走廊，也正迎合了孙传芳的这种心理。记者走上二楼，想看看"回"字廊的具体面貌，可惜已经被木板隔成许多小的房间，住上了居民，原貌早已不复可见了。

孙传芳的后人，多有住在天津的。据文史研究者何德骞先生介绍，孙传芳共有四子三女。长子孙家震，山东齐鲁大学毕业，曾任天津市化工局染化三厂工程师，娶天津八大家"振德黄"之女；次子孙家钧，北京大学毕业，定居澳大利亚，娶著名历史学家陈垣的侄女陈雪晶；三子孙家裕，曾任南京市政协委员，夫人是南皮张氏之女；四子孙家勤，曾任巴西国立大学副校长。长女孙家敏，嫁陈光远第八子陈铁荫；次女孙家俊，嫁军阀吴俊升之侄吴铁珊；三女孙家慧，毕业于美国大学，并在国外结婚。

施剑翘的最后结局

施剑翘刺杀孙传芳一案，经天津地方法院一审判决有期徒刑十年,经辩护律师代为申诉,天津高级法院二审判决有期徒刑七年。当时社会各界较为一致地同情施剑翘,认为她刺杀"劣迹斑斑的大军阀孙传芳,其志可嘉,其情可悯",全国各地妇女及其他许多社团组织,纷纷通电呼吁对施剑翘援例特赦。此案还惊动了冯玉祥将军,冯与滦州起义烈士、施剑翘的四叔施从云有袍泽之谊。因此他闻讯后联合民国元勋李烈钧、张继等人,呈请国民政府特赦为父报仇的孝女、为民除害的施剑翘,以敦化人伦,弘扬正气。

1936年10月14日,中华民国最高法院下达特赦令,入狱将近一年的施剑翘获释。不久抗战爆发,她先后辗转长沙、重庆等地,筹措慰劳品,办从云小学,做了不少有益于国家和人民的工作。1952年,施剑翘因病移居北京,病愈迁到山西五台山光明寺村,以居士身份在碧山寺修行。1957年,被北京市政协聘为特邀委员,1973年病逝。

按:本文为"天津小洋楼的故事"第21篇,刊于2005年11月11日《今晚报》第52版"滨海·乡情"(《今晚滨海》专版第513期)。

杜建时 字际平。1906年生于河北省武清县杨村(今属天津),国民党陆军中将。平津战役中,向人民解放军自首。1961年获人民政府特赦。1962年,杜建时任全国政协文史资料委员会专员。1983年,当选全国政协委员和中国国民党革命委员会中央委员,并担任全国政协文史资料委员会副主任。同年,最高法院撤销1961年特赦通知书,认为根据杜当年情况,不应以"战犯"对待。1989年11月7日在北京病逝。

> 56年前的1月17日上午,国民党天津特别市市长杜建时,从五大道一座楼房的地下室走出,向我军自首——

杜建时隐身桂林路

2005年6月2日,初夏的阳光逐渐偏西,天开始凉快下来。位于本市五大道的桂林路19号,两扇旧式的大铁门虚掩着,门外马路上像平时一样车来人往。在天津师范大学历史系李惠兰教授的陪同下,记者来此追寻一段已经逝去的历史。推开虚掩的大门,院中空无一人,只有一幢三层高的峻拔的西式楼房,兀然挤满了眼前。1949年的1月17日上午,国民党天津特别市市长杜建时,就是从这座楼房的地下室走出,向我军自首。

40岁当上天津市市长

杜建时诞生在本市杨村的一个书香世家,出生前家里已经是

1946年11月杜建时就任天津市长时宣誓

四世同堂。他这个第五代的降生,给家里平添了许多欢乐。其高祖父是清末进士,曾在四川任知府多年,致仕还乡后,积下不小的家业。高祖母被家里人尊称为"老祖",治家有方,杜建时从小就由其亲自抚养。5岁时,他就能背诵几十首唐诗,此后又背诵了《四书》等传统典籍。"老祖"还常常给他讲《岳飞传》《三国演义》等故事。

　　12岁时,杜建时考入天津市南开中学。因古文基础好,他学业长进很快,功课门门优秀。17岁时,考入北京大学预科。"五四"时期,他受学生运动影响,逐渐认识到没有武力就不能抵御外辱,于是产生了当军人的念头。1925年,他考入张作霖所办的东北讲武堂北平分校。1928年奉军失败入关,杜建时随学校迁往东北,毕业后在炮兵教导团任连副,半年后升为连长,又一年后升为营长。

　　北伐战争胜利后,北洋军阀在北京所办的陆军大学1931年迁往南京续办,杜建时又得到深造的机会。由于学习成绩突出,他受到教育长杨杰的喜爱。在举行毕业典礼时,杨杰指派杜建时代表全体学员作学业总结报告。在场的校长蒋介石发现杜风度翩翩,口齿伶俐,条理分明,深为赏识。1934年,蒋介石亲自指派杜建时出国深造,进入美国堪萨斯陆军大学学习。毕业后尚未回国,蒋介石又写信给他,让他学习国际关系。杜建时于是又考入美国加州大学攻读国际关系学,毕业后获得法学博士学位。

1939年,杜建时学成归国,被委任为第九战区中将高参及副参谋长。1940年,蒋介石以杜建时学术造诣较深,派他去领导军事教育,兼任中央军校长沙分校主任。1942年,任陆军大学教务处处长。不久,调任国防研究院主任,主持筹建国防研究院。该院只举办了一期,就因抗战胜利而停止,但杜建时组织筹划卓有成绩,更加受到蒋介石的信任。1945年4月,杜建时随中国代表团赴美国旧金山,参加了联合国成立大会。

1945年9月,蒋介石派杜建时到天津担任第十一战区驻津唐榆代表,成立办事处,一面招抚伪军,一面接应从天津登陆的美国部队。为指挥上的便利,还加委杜为北宁线护路司令兼天津市副市长。1946年10月,升任天津市市长,这时他刚刚40岁。

放下武器但为时已晚

今桂林路19号居民楼,新中国成立前为桂林路45号,1954年曾改为23号。这幢楼房的原主人为买办费品一。李惠兰教授与费品一的二女儿费继荣是新中国成立前津沽大学的同学,经常去费家串门,对费品一的情况有所了解。据他介绍,费品一主要从事猪鬃、燃料等方面的生意,并因此积累起一定家资。约在20世纪30年代后期,费品一在桂林路建起了这座住宅。

费品一有两个儿子七个女儿,一家人在桂林路住了很长时间。直到1948年初,费品一带着小儿子和小女儿迁居上海发展生意,房子就留下来,由其长子费继曾居住管理。费家的其余几个女儿都是大学生,平时多在学校居住,因此这座三层的大楼里,不少房子都空闲着。

1948年夏,随着我军解放进程加快,在华北进行战略决战已不可避免。国民党天津市政府秘书长梁子青原来住在台湾路,他觉得靠近城郊结合部,一旦打起仗来很不安全,遂决定在市区找个住处。

桂林路十九号费品一旧居

不久,梁子青将费家大楼的首层租了下来,并把全家都搬来居住。

1949年1月14日10时,我军解放天津的最后城市攻坚战打响。为躲避炮火,杜建时在梁子青的邀请下,躲到了桂林路45号(今19号),即梁从费家租下的临时住所。据天津市委党史研究室陈德仁研究员调查考证,当时的情况大体如下:

1月14日拂晓,杜建时去了中原公司(今百货大楼)顶层,持望远镜观察了我军总攻前的天津全城情况,然后回到市政府。10时许,我军总攻的炮火击中市政府大楼,将楼顶打了个大洞,顿时楼体震动,玻璃破碎。杜感到办公室和住所(时在烟台道47号)都不安全,就命人在市训团(今天津市第20中学)地下室备房。

当晚天津警备司令陈长捷召集杜建时等研究战况,商定放下武器和平解决天津问题,由杜建时承揽去办。杜马上邀民主人士李烛尘往杨亦周(天津市参议会议长)宅,要李、杨二人次日晨出城与我军和谈。杜在杨宅还起草了放下武器的《和平宣言》,从14日22时起在电台反复广播。可惜此举为时已晚,解放军已攻入核心区。

杜建时起草完《和平宣言》后到了市训团地下室,向市警察局局长李汉元询问战况。李劝杜找个更安全的地方躲避。于是杜与市政府秘书长梁子青通了电话,梁说他的住处是居民区,还有空屋。于是14日晚10点多,杜建时由司机老齐开车,到梁子青住处躲藏。去后没说几句话,就因疲劳睡下了。

费家后人回忆杜建时

关于杜建时自首前的最后隐蔽地,以前曾有种种不同说法。李

梁光光在费品一旧居前回忆往事

惠兰教授和陈德仁研究员通过实地调查和对当事人的走访，最后得出了结论：杜的最后隐蔽地在今桂林路45号（今19号），即原费品一住宅。据费品一的二女儿费继荣介绍："桂林路45号是我家的房产和住地。1948年夏，当时任国民党天津市政府秘书长的梁子青一家迁入。杜建时是从（1949年）1月14日夜进住，直到1月17日，整整三宿两白天没有离开。我们两家（费、梁）和杜建时为了躲避炮火共同住进地下室，有时还一起吃饭。17日早晨，杜建时和梁子青二人向我们告别说，他们要去共产党政府办理交接手续。临出院门时，我大哥、大嫂和我，还有梁家人送他们出大门口，还相互摆了一下手。门外街上静无一人，他俩外出未归。"梁子青的长女梁丽丽也证实，她家从台湾路搬进桂林路费家，当解放军攻城时，杜建时也搬进了费家。

陈德仁经调查考证后大体勾勒了杜建时自首前后的情况。

杜建时在梁家住了三个夜晚两个白天，其间杜局促不安。最后杜、梁二人决定自首，先由梁去天津市军管会探问究竟。17日上午9时左右，两人从住处外出。他俩到市军管会见到天津市人民政府秘书长吴砚农。吴向他俩交代了党的政策，之后用车送往市训团礼堂后面楼上的一间屋里住下。晚饭后政工人员继续向他们讲解有关政策，19日送往市公安局看守所，住了一个多月，有一位姓吴的科长（山西人）审问过两次。每天除了看报、睡觉，没什么事。后又转送到河北路看守所，五六个人住一间。这时杜建时患了高血压、眼睛出血等病，住进公安医院单间，有两位护士看管，平时能听广播，还可吃专门的病号饭。

另据李惠兰介绍，近年费家和梁家的后人还有过交往。当年杜、梁自首后，再也没有回过居所。梁子青的子女在费家又住了约半年时间才离开。当时梁家已无力再交房租，费家也没有催要。因此当梁子青的儿子梁幼林几十年以后见到费品一的四女儿费继文、七女儿费继芳时，仍忍不住热泪盈眶。

梁子青，别名梁绳筠，1901年生，河北省行唐县人。1946年1月任天津市政府秘书长。1949年1月天津解放时向我军自首。1972年在西安去世。梁子青有三子二女：长子梁其旬，现居北京；次子梁其普，已故；三子梁幼林，退休前在中国科学院工作，现居北京；长女梁丽丽，现居美国；次女梁光光（现名张丽雅），退休前在民盟天津市委会工作，现居天津。

费品一的长女、次女已故去，其余几个女儿现多居天津。

按：本文为"天津小洋楼的故事"第9篇，刊于2005年6月6日《今晚报》第30版"滨海·乡情"（《今晚滨海》专版第400期）。

刘青山　曾用名刘顺山。1916年出生在河北省安国县南章村。1931年入党,1932年参加高蠡暴动。1938年8月,任河北省大城县县委组织部长。1941年任大城、河间县委书记。1945年10月,任冀中中共八地书记兼任冀中军区第八军分区政治委员、地委党校校长。1949年9月,刘青山任天津地委书记。1951年8月,任石家庄市委第一副书记。1952年2月10日,因贪污和挪用公款,被执行枪决。

张子善 1914年生。河北省深县人。1933年加入中国共产党。曾任天津行署专员、天津地委书记等。1952年2月10日，因贪污和挪用公款，被执行枪决。

> 今马场道54号小洋楼,是解放初天津地委和行署高级干部居所。刘青山、张子善曾在这里生活并走向堕落——

共和国"反腐第一案"

53年前的2月10日,河北省会保定。天空飘着小雪,上午9时刚过,人们就从四面八方不断涌向市体育场,大贪污犯刘青山、张子善公审大会即将在这里举行。作为共和国"反腐第一案"的两名反面主角,被牢牢钉在了历史的耻辱柱上。

今天津市马场道54号小洋楼,就是当年刘青山、张子善曾生活工作过的地方,两人走向堕落的步履,有许多就是在这里迈出的。

刘青山的革命经历

刘青山是河北省安国县人,幼年在博野县南白沙村当长工。1931年,经徐去甫介绍加入中国共产党。1938年8月,出任河北

马场道54号王仲刘旧居(新中国成立初天津地委办公地之一)

马场道54号景观灯

马场道54号建筑说明牌

省大城县县委组织部长,以青塔书店掌柜身份作掩护,常到乡间贩卖书籍,借机宣传抗日救亡,壮大党的组织。刘青山等人曾创办民运训练班,培训出很多优秀干部。他还和县委其他同志一起,创建了县大队和八个区分队的抗日武装,日伪曾悬赏1500块大洋来捉拿他。

1942年五一扫荡后,抗日斗争环境十分恶劣,党内出现一批叛徒。刘青山领导大城县委及时开展了镇压反革命运动,沉重打击了敌特汉奸的嚣张气焰,并开辟了文安洼抗日根据地,使全县抗日形势趋于好转。

在长期的革命斗争时期,刘青山曾舍生忘死,有过出色表现。1932年秋,16岁的刘青山参加了高蠡暴动。暴动失败后,敌人逮捕了刘青山等19名游击队员,并押到操场上进行屠杀。轮到刘青山时,一个敌团副看他太小,怀疑抓错了人,就狠狠地踢了他一脚,并招呼手下"解捆"。就这样刘青山拣回了一条命。

1942年5月1日,日本侵略军在汉奸和叛徒带领下,向晋察冀边区进行残酷的夏季大扫荡。时任大城、河间两县县委书记的刘青山刚刚26岁,他日夜跟鬼子周旋,白天在河间县的后北曹村隐蔽,夜里再回大城、河间县城开展工作。后北曹村在大城、河间的交界处,村里只有党支部书记赵明利一个人知道。刘青山住在赵明利家,对外称是赵明利的表弟。刘青山当时饮食十分清苦,每天就三个粮糠掺半的干饼子,有白开水还是凉的,连咸菜都没有。1944年10月,刘青山离开后北曹村。

刘青山的腐化堕落

刘青山的腐化堕落是逐渐发生的。根据后来调查,我们现在可知如下一些细节。

抗战胜利后,任军分区政委的刘青山,曾回后北曹村去看望老战友赵明利等,赵明利赶忙凑了一些钱,跑了十几里地,打酒买菜招待他。敬酒的时候,刘青山用筷子指着盘里的烧鸡,说颜色不正,是隔夜的,硬是不肯吃。赵明利只好托人骑驴,重新买来一只烧鸡,把那只"隔夜烧鸡"撤下来。

刘青山任天津地委书记时,大冬天非要吃韭菜馅饺子,可又嫌韭菜烧心,逼得厨子手足无措。最后打发专人,到北京郊区四季青暖房买来韭菜,包饺子时每个馅里放进一整棵,捏边的时候把韭菜根露在外边,等煮熟后再趁热把韭菜抽出来。这样饺子就既有韭菜的鲜味,又吃不着韭菜了。随着环境地位的变化,刘青山就是这样一步一步地蜕变着。

在刘青山伙同张子善贪污和挪用公款前后,时任天津行署副专员的李克才屡次规劝和抵制未果,最后毅然对刘张二人进行了检举揭发。

1949年7月26日,冀东第十五行署专员李克才调任天津行署副专员,成了天津专区党委书记刘青山、天津行署专员张子善的副手。1949年底,《人民日报》一则消息揭露,天津地区违反政策从东北贩运木材被扣。李克才非常吃惊,就去问张子善和刘青山。张子善装糊涂说不知道,刘青山则说这事是和大家商量了的,出事了也犯不着装熊,更没有你"胆小鬼"李克才的事。

1950年9月,刘青山、张子善要挪用地方粮款10亿元(旧币)搞机关生产,李克才不同意,刘张未听规劝,一意孤行。1951年1月,李克才责成天津地区合作社做好河工供应准备,并要求他们只加运费,不许赚钱。刘青山、张子善瞒着李克才单独组织"供应站",大赚昧心钱30亿元(旧币)。

由于刘青山、张子善对李克才的告诫一句也听不进去,李克才挽救刘、张的希望彻底破灭了。

1951年11月21日,中共河北省第三次代表大会在省会保定召开。这次会议实际上是一次布置"三反"(反贪污、反浪费、反官僚主义)工作的会议。中共河北省委副书记马国瑞传达了毛泽东关于增产节约的号召和中共中央华北局的有关指示后,会议开始进行讨论。李克才第一个站了出来,面对824名与会代表,公开揭发了刘青山、张子善的贪污腐败行为。李克才的发言长达一个小时,天津地区的其他代表也纷纷发言,揭发刘青山、张子善。

11月29日,张子善在会议期间被依法逮捕。12月2日,在维也纳参加世界青年和平友好联谊会后考察归国的刘青山途经天津,在火车站时也被依法逮捕。

毛泽东决心处决刘张

1951年11月29日,华北局向毛泽东、党中央作了关于天津地委严重贪污浪费情况的书面报告。30日,毛泽东在为中央起草的转发这一报告的批语中指出:"华北天津地委前书记刘青山及现书记张子善均是大贪污犯,已经华北局发现,并着手处理。我们认为华北局的方针是正确的。"

1951年12月4日,河北省委通过经华北局批准的《关于开除刘青山、张子善党籍的决议》。

1952年2月10日,河北省人民政府在保定举行公审大会。中午12点整,省法院宋志毅审判长出现在主席台上,他庄严地在麦克风前站定,高声宣布:"奉中央人民政府最高法院电令,对大贪污犯刘青山、张子善进行公审!"

公审大会有两万人参加。河北省副省长薛迅代表省政府宣布了刘、张的罪行。据查,刘张利用职权,总计盗用飞机场建筑款、救济水灾区造船贷款、河工款、干部家属救济粮,总计达171.627亿多元(旧币),用于经营二犯秘密掌握的"机关生产"。他们勾结奸商,从事非法经营活动,使国家损失达21亿元。1950年到1951年春,在兴修潮白河、永定河、大清河、海河等工程时,他们将国家发给民工的好粮出卖,换成坏粮,抬高民工食品价,先后剥削及窃取折旧费共22亿元,使民工因食品恶劣、劳动过度病残或死亡多人。此外,不到半年时间,两人贪污挥霍3.78多亿元,其中刘青山挥霍1.83亿余元,张子善挥霍1.94亿余元。公审大会最后宣判并报请最高人民法院批准,判处刘青山、张子善死刑,立即执行。

执行死刑前,刘青山、张子善面前摆了两口醒目的紫红棺材。一位省委干部向他们宣布中央指示:一、子弹不打脑袋,打后心;二、枪决后妥善安葬,棺木公费购置;三、家属不按反革命家属对待;四、子女由国家抚养。

临刑前,张子善感觉到记者的照相机在对准自己,他呜咽着说:"唉,照吧,照个相吧,最后一张了,让后人受受教育……"刘青山则长出一口气,眼圈发红,将脸扭向一边。

刘青山的后人情况

据刘青山的胞弟刘恒山近年回忆,刘青山共有三个儿子。1952年刘青山被处决时,长子刘铁骑7岁、次子刘铁甲4岁、三子刘铁兵仅几个月。三兄弟先后跟叔叔刘恒山在老家安国县南章村生活。

刘青山被处决后，河北省委派石家庄市人事部门向其发妻范勇传达了省委电话决定："中央、华北局、省委三级领导研究决定并联合通知，刘青山长子和次子从即日起由国家供给每人每月15元生活费，老三由范勇抚养。"这些钱，当时基本上能满足一个普通百姓的生活费用。

1962年刘铁骑上高中后开支增多，范勇去省委要求增补生活费，省委决定给刘铁骑每月20元，铁甲、铁兵每人每月15元，一直到1970年刘铁骑大学毕业参加工作。

1965年，刘铁骑报考了北京石油学院。当时石油学院招生办设在天津的南开大学，招生办的老师拿着刘铁骑的成绩单觉得很纳闷，这是考清华的成绩，怎么报考石油学院？再看家庭情况大吃一惊："父亲刘青山，原天津地委书记，1952年被政府处决。"招生老师顿觉事情严重，连夜返回北京向校领导汇报了此事。学校党委经过研究决定，同意接收刘铁骑入学。"文革"初期，范勇的家被红卫兵查抄，在校读书的刘铁骑基本上没有受到冲击。1970年刘铁骑大学毕业被分配到抚顺石油一厂，现在廊坊市中国石油天然气管道局供应处工作。

刘铁甲"文革"前上高中二年级，"文革"后期在老家务农。1976年，廊坊市石油天然气管道局在内部招工，刘铁骑给刘铁甲报上名，刘铁甲由此成为一名石油管道工人。刘铁甲现在华北油田二连输油公司维修处工作。

刘铁兵高中毕业后在家务农，曾想入伍参军，因父亲的事被刷下来。不久县里给了他一个指标去曲阳煤矿下煤窑，才得以农转非，后调回安国工作。

附:马场道54号的历史变迁

　　刘青山、张子善居住过的今马场道洋楼,最初是启新洋灰公司大股东王仲刘的私宅。

　　据王筱汀的外孙、著名作家周骥良先生介绍,这所住宅建于20世纪40年代初,不久王仲刘去世,子女分家时将宅院售出。

　　记者在现场看到,这所洋楼共有三层,左右两侧凸出,仿照军舰的形式,可以说是一座象征主义的建筑。楼房的老虎窗,就像军舰的舷窗;三楼的大平台,就是军舰的甲板。

　　王仲刘是著名实业家王筱汀的次子。王筱汀本名锡彤,河南汲县人。1866年生,与周学熙同为袁世凯北洋实业集团的骨干。凡袁氏参与经营的实业,如开滦煤矿、启新洋灰公司、耀华玻璃厂、北京自来水公司等,均以王为代表,出任其中各类要职。王筱汀1938年在天津病逝。有《抑斋自述》等著作十余种行世。

　　王筱汀去世后,王仲刘接替他任启新洋灰公司董事,因此他有实力建造这样一所豪华的洋楼。洋楼白水泥饰面,周围有宽阔的院落。据附近老居民介绍,院内原有假山、凉亭、水池和花坛等,广植花草树木。如今假山等已不可见,只有院两侧的8棵白杨树,还是当年所植,成为这所豪宅历史变迁的见证。

　　据了解,王家的宅院是卖给了国民党天津市政府,改作专门接待高级军政要人的"华北饭店"。新中国成立后这里成为天津地委和行署高级干部的住所。当时地委、行署本来设在杨柳青镇,但刘青山、张子善多数时间住在市内,就在这所洋楼里办公并过着腐化堕落的生活。后来这里成为廊坊市政府驻天津办事处。现在主楼由中国农业银行和平支行使用,廊坊市驻天津办事处已经改到院中的平房里办公。

有传闻说,张学良来津时曾在这所洋楼居住。可此楼建成时张早已被蒋介石软禁,根本不可能再来这里。因此这个说法从根本上就站不住脚。

按:本文为"天津小洋楼的故事"第20篇,刊于2005年10月17日《今晚报》第30版"滨海·乡情"(《今晚滨海》专版第494期)。

附录一

鲜为人知的天津名人旧宅

马占山旧宅

马字秀芳,祖籍河北省丰润县,1885年11月30日出生于吉林省怀德县毛城子乡(今公主岭市毛城子镇)西炭窑屯。1911年投奉军当兵,1928年东北易帜后任黑河警备司令。1931年"九一八"事变后,任黑龙江省代主席兼黑省军事总指挥,率部在嫩江大桥抗击日军,史称"江桥抗战"。1933年,任国民政府军事委员会委员。1934年至1937年在天津寓居,其间曾参与推动"西安事变"和平解决。1937年卢沟桥事变后,任东北挺进军司令,率部在晋绥抗日。1949年,参与推动北平和平解放。新中国成立后作为民主人士参加了中国人民政治协商会议。1950年11月29日在北京病逝。

马占山1934年8月中旬来津,居英租界四十六号路燕安里40

号，即今和平区湖南路11号。该楼为折中主义风格建筑，约建于20世纪20年代。砖木结构，主体两层，局部三层，带地下室。另有一很小的附楼，通过短短的过街楼连接，为佣人居所。主建筑的左山墙，唐山大地震时倾塌，后经修复加固，现基本保持原貌。

马占山居津时，与河北省主席于学忠等常在寓所打牌消遣，议论时政。他在此还躲过了日本特务多次暗杀。为监视马占山行踪，日本特务专门租用了马公馆后面的小楼（今湖南路燕安里1号），该楼也保存完好。1937年7月30日天津陷落前夕，马占山与警卫张凤岐等人，乘坐最后一趟列车匆忙赶往南京，结束了将近三年的在津生活。

李文田旧宅

李字灿轩，河南浚县人。清光绪二十年（1894）正月初五生。毕业于保定陆军军官学校第六期步科。曾任西北军团长、旅长及兵工厂总监等。1936年1月，任察哈尔保安处处长，2月授少将军衔；第二十九军重建时任第三十八师副师长；同年底驻防天津，兼任天津警备司令、市公安局局长（次年2月改为警察局局长），并一度代理天津市市长。

在津期间曾大力整饬警风、改革警政。1937年7月27日，在天津寓所主持召开"七人会议"，并于29日凌晨2时指挥部队实施"天津大出击"，对侵华日军发动突袭。后因日军援兵到来被迫撤出战斗，转战河北等地继续抗日。

1937年10月，第38师升格为第五十九军，任副军长。1938年5月，任第二十七军团副军团长。曾协助张自忠指挥随枣、襄樊等战役。1940年7月,任第33集团军副总司令。1946年7月,任第三绥靖区副司令官。1948年9月授陆军中将军衔。后因不愿打内战脱离军队,1949年3月任总统府参军。新中国成立后寓居上海。1951年被"革命群众"揪回原籍批斗致死。

李文田在津居所位于当时意奥交界路,又称意奥南大街。1946年门牌号为胜利路20号,后为北安道20号。主楼为砖木结构,两层带地下室,后面有一座两层附楼,约建于20世纪20年代。主楼二层前脸,唐山大地震中倾塌,后经修复成现在的面貌。另外,主楼左侧原来还有一部分建筑,前些年因妨碍新的规划建设被拆除。决定实施"天津大出击"的"七人会议"即在此举行。

主楼右侧原有实胡同一条,1920年由曾任北洋政府代理国务总理的龚心湛建房成巷,无名。后因任公安局长的李文田居此得名公安里,该地名现已不存。

卢景贵旧宅

卢字介卿,祖籍山东省莱州市梁郭镇卢家村(今属朱桥镇),1891年生于沈阳。1911年入北京农工商部高等工业学堂机械工程科学习。1912年转天津直隶工业专门学校。1913年入美国意利诺大学留学,1917年获机械工程学士学位。复入普度大学攻读硕士学位,未终即于1918年3月应召回国。1919年,任奉天省立工业专门学校机械科主任教授,旋任中日合办本溪湖煤铁公司技师。1921年12月,任津浦铁路济南机车厂工程师。1923年2月,任四洮铁路工程局局长。1925年起兼任洮昂铁路工程局局长、四洮铁路管理局局长等。

1928年6月，东三省交通委员会成立，兼任路政处主任委员，同年11月转任总务处主任委员。1931年任东三省交通委员会委员。1933年，交委会撤销后解职。此后他长期寓居天津，潜心著述。1937年发起成立中国天文学会。抗战胜利后任东北交通特派员办公室顾问。新中国成立后任辽宁省政协委员，因病未履职。1967年9月10日在津去世。译有《月理初编》（英国人卜朗原著），著有《高等天文学》《曹氏八卦掌谱》等。

新中国成立前卢景贵在津居所为意租界西交界路（即意奥交界路）25号、26号，原为北安道19号。该建筑约建于20世纪20年代，砖木结构，主体两层，局部三层，带地下室。为古典欧洲型设计，建筑风格简洁明快。新中国成立后卢景贵寓居今贵州路吉安别墅1号。原建筑为典型西班牙式风格，两层砖木结构，坡顶，红瓦黄墙，俗谓"小黄楼"。1976年唐山大地震中受损，修复后成为平顶，已远非原貌。

陈一甫、陈范有旧宅

一甫名惟壬，以字行，号恕斋居士。祖籍安徽石埭县(今石台县)广阳乡。清同治八年(1869)正月二十四日生。清代以父荫官直隶，花翎三品顶戴。为江苏候补道，农工商部议员。曾长期随周学熙襄办实业，任北洋海防诸职，后入东海关监督幕，又为北洋电报学堂总稽查、开平矿务局驻沪员、北洋银元局提调等。1906年，任北洋劝业铁厂坐办。1912年任启新洋灰公司总事务所经理，后改驻津办事处坐办。1924年，任开滦矿务管理局正主任董事。1927年至1932年，任启新洋灰公司协理；1932年1月，任公司总经理，转年退职。

1935年4月由津赴沪,经香港游历欧美十四国。1948年12月底卒于天津。

范有名汝良,以字行。陈一甫长子。光绪二十四年(1898)三月十四日生于天津。1912年入南开中学,1917年入北洋大学土木工程系。1925年,任启新洋灰公司工程部土木工程师。1933年至1945年,任公司协理。1933年受公司委派南下,在南京主持创建江南水泥厂。1945年抗战胜利后,组建江南水泥总公司,任常务董事兼总经理。1950年9月,水泥厂正式点火生产,所制水泥被苏联专家誉为"东方水泥之冠"。新中国成立后,被推选为全国水泥工业同行业联合会主任委员。1952年3月31日逝世于上海。

陈氏父子在津旧居已知有两处。一处是今陕西路148号,分为主楼和附楼,砖木结构。主楼两层,局部三层;附楼四层,高度低于主楼,为佣人居所和锅炉房、厨房等设施。两层主楼的顶部是个大晒台。唐山大地震后曾维修加固。另一处是今成都道20号和22号,位于与山西路交口处,原为伦敦道30号和32号,陈一甫居30号,陈范有居32号。这是两座外观浑然一体的连体楼,建筑面积共1000多平方米。两楼各有三个向外的门,中间有门相通。楼高三层,砖木结构。由陈范有亲自设计监造,约建于1930年左右。20世纪40年代曾增建防空设施等。新中国成立后,成都道22号出售给海运部门作了宿舍,20号则一直由陈一甫的后人居住到20世纪90年代。

张克忠旧宅

张字子丹,1903年1月16日生于天津。祖籍河北省静海县大泊村(今天津市西青区王稳庄镇建新村)。他幼年丧父,随母寄居外祖父家。1915年天津模范小学毕业,入南开中学。1921年考入唐山交通大学,1922年复考入南开大学。1923年,入美国麻省理工学院攻读化学工程;1928年,获博士学位,归国后受聘南开大学教授。1929年创建应用化学研究所,任所长;1931年8月创建化学工程系,任主任。南开大学工学院成立后,又兼任工学院院长。1934年创建南开化学工业社,后改为应用化学研究所试验工厂。

1937年张克忠辗转到重庆,兴办南开化工厂。1937年至1942年,任重庆黄海化学研究社研究员。1942年至1945年,任昆明化工厂厂长。抗战胜利后至青岛,参与接管敌伪化工产业。1947年4月返天津,继续担任南开大学工学院院长和化工系主任,并恢复应用化学研究所。新中国成立后多次应周恩来总理邀请赴京,讨论中国化学工业和化学工程发展问题。1951年9月,主持成立天津市工业试验所,任所长。1954年3月25日去世。

1951年当选为天津市第二届人民代表会议代表。主要著作有《无机化学工业》《有机化学工业》《工业化学》(第一、二、三册)等。其博士论文提出的扩散原理,被命名为"张氏扩散原理",至今仍广泛应用。

抗战前,张克忠长期居住在八里台南开大学教工宿舍百树村46号。1947年返津后住百树村36号。1948年搬入睦南道63号(今37号)。该房本为其夫人王端驯母家房产,由王端驯之兄王会宾设计,建成于20世纪30年代。该建筑三层尖顶带地下室,有锅炉等附属设施,前后有院落。现由天津开发电力公司使用。20世纪50年代初,他又搬入马场道桃园村大街105号,为四户联体楼房中的一幢。张在此一直居住到去世。此房约在 2003 年前后拆除。

小德张旧宅

清末著名太监小德张,光绪二年(1876)十月十一日生于直隶静海(今属天津)吕官屯,本名张祥斋,字云亭。1891 年入宫当太监,1909 年升任清宫大总管,权势煊赫一时。他后半生一直在天津做寓公,1957 年 4 月 19 日去世。他在津多次更换居所,其中位于五大道地区的重庆道、郑州道、睦南道金林村三处旧宅,早已为人们熟知。其实他还有一处保存完好的旧宅,位于烟台道 66 号(当时为 40 号)和平区小白楼房地产管理站院内。

这处旧宅为两层砖混结构小楼,建筑上无太多特色,但却与不少名人有关。该楼约建于 20 世纪初,是位英国人建的私宅,其后人近年曾到此寻根问祖。小德张 1913 年退居天津后,首先在日租界嗣子张书森处落脚,不久即购得此宅,当时称"英国马号"。小德张在此楼居住了约 10 年光景,到 1923 年迁往今重庆道 55 号(即后来的庆王府),遂转手卖与曹锟之弟曹锐。后来,著名实业家孙冰如也曾居住在这里。

1937 年天津沦陷后,该楼成为邸玉堂的宅院。邸字金印,直隶枣强(今属河北)人。1924 年在津开设晋隆商行,1932 年创办亨通贸易公司,1933 年任天津五金同业公会会长。日本占领天津期间,曾任天津治安维持会委员、天津商会会长等职。日本投降后,这里改为天津区汉奸财产清查委员会第三特别看守所,邸玉堂本人就被看押在此。

新中国成立后,天津市房管局一度在此楼办公。今该楼在烟台道另有一个门，门牌号为烟台道66号增1号，门口挂着"小白楼工商所"等牌子。

萧振瀛旧宅

萧字仙阁。1890年5月2日生于吉林省扶余县（今扶余市）四马架村。1916年毕业于吉林法政专门学校，入吉林督军署任军法官。后又任吉林省议员、田赋局局长等。

1924年投奔西北军，任绥远都统府咨议兼临河县知事。1925年任临包道尹兼五原县长。1927年11月，任西安市市长兼国民革命军第四方面军军法处处长。1930年中原大战后，任国民革命军东北边防军第三军总参议。1932年该军改编为第二十九军，仍任总参议。

1932年8月，任察哈尔省政府委员。1935年11月，任察哈尔省政府主席，旋调任天津市市长；12月，任冀察政务委员会委员。1936年8月离市长任，居北平香山，不久以特使身份赴欧美考察实业。1937年抗战爆发后紧急归国，任第一战区长官部上将总参议。

1940年辞职，携眷移居重庆。在渝创办大明公司、大同银行等。抗战胜利后，在上海主持大同银行，并在西安、兰州、北平、天津设立分行。1947年5月8日病逝于北平。

天津与萧振瀛有关的居所至少有三处：马场道"吴公馆"、海河路"萧市长官邸"及桂林路协兴里。吴公馆是曾任陕西督军的吴新田宅邸，曾用马场道74号门牌。该楼由比商仪品公司设计建造，三层砖木结构，为英式花园别墅，院内建有亭台楼阁，并养有珍禽异兽。萧振瀛在津期间,曾租住在"吴公馆"里。该建筑现已拆除。

海河路即今台儿庄路,"萧市长官邸"位于原台儿庄路54号海河罐头厂院内,曾作为厂部使用,现已拆除。这所宅子是萧以其夫人刘文瑛的名字购置的,为两层别墅,楼前有小院,楼下为客厅和餐厅,楼上为居室。在二楼可看到海河上来往的船只。他住进来时,约在1935年底,到1936年8月离津,前后才半年多光景。

协兴里位于成都道与桂林路交口不远处。这里1925年填土垫地,同年由协兴公司建房成巷,并以公司名字命名。巷子两侧为砖木结构楼房。今协兴里11号楼房,是20世纪30年代萧振瀛租用安置父母的,他虽曾在这里居住过,但次数并不多。其父亲萧国挺与母亲萧谭氏,20世纪50年代在这里先后去世。该房现为公产,至今仍有萧氏族人居住。

李鸣钟旧宅

李字晓东。光绪十三年(1887)生于河南省沈丘县蔡庄村(今改李寨村,属项城县),1909年毕业于辽宁新民府清朝陆军第二十镇随营学堂。冯玉祥任第二十镇营管带(营长)时,李任哨官(连长)。他参加了冯玉祥组织的"武学研究会",并参与筹划了滦州起义。1914年,冯部改编为北洋陆军第七师步四旅,李任旅部副官长。1917年,升任团长,授陆军少将。1921年任河南归德镇守使,授陆军中将。

1921年,冯玉祥任河南督军兼中央陆军第11师师长,李任该师步兵旅长。1922年5月,兼豫东镇守使。1923年11月,被北京政府陆军部授予将军府"刚威将军"。1924年,冯部改编为国民军第一军,李任该军第六师师长。

1925年1月,任绥远都统。不久任北京政府善后会议议员,授陆军上将衔。1926年初,被任命为甘肃省军务督办,未就任。同年3月,代理京畿警卫总司令兼京师警察总监。

1926年参加"五原誓师",1927年率部参加北伐,7月任南京国民政府军事委员会委员。1928年,任郑州市市长。

1930年11月,任豫鄂皖边区绥靖督办公署督办。1931年,接替吉鸿昌任第二十二路军总指挥,不久兼任中央陆军第三十三师师长。1948年2月,任行宪第一届监察院监察委员。1948年7月,任国民政府军事参议院上将参议。1949年6月29日在上海病逝。

1930年至1937年,李鸣钟曾辞官隐居京津。其在津旧宅位于今和平区花园路11号,现由中国民主建国会天津市委员会办公用。旧宅为两层欧式平顶楼房,砖木结构,带地下室。住天津时,李鸣钟常请赖亚力(时名赖兴志)讲授《辩证唯物论与历史唯物论》,并邀请在天津的西北军将领张自忠、吉鸿昌、石敬亭、张维玺等听讲。

1926年,李在北平与人合资创办"谦生银号",后在天津设分号,聘牛子俊任经理。1932年居津期间,李结识了范旭东等天津实业界人士,投资久大精盐公司和永利制碱公司。因李在天津住宅与吉鸿昌为近邻,因此1933年和1934年吉鸿昌居津期间,李常到吉家做客。得知吉是共产党人后,他提醒吉"多加小心",并曾给予资助。

1937年8月,李从沦陷的北平逃到天津,他不敢回花园路私宅,先住到利顺德饭店,旋移至寿德大楼。不久,张自忠替他买好船票,他于是从大沽口乘"大沽号"轮船离开天津,转道烟台回到河南家乡。

生甡里张氏旧宅

生甡里今名生生里，位于和平区重庆道、桂林路、成都道之间，是张召兰、张丙生父子所建，并以张召兰的三个儿子丙生、澜生、锐生的名字拼合命名。1936年始建，1937年建成。原生甡里1号即为张氏父子居所。

张氏祖籍浙江绍兴，后迁居天津。从张作涛起，祖孙三代从事银钱业，在天津金融界很有影响。张作涛，字松泉，号首善堂主人。道光二十八年腊月（1849年1月）十一日生于天津东门外扒头街，父亲是私塾先生，家境一般。张作涛早年在宫北大街钱铺学徒，因工作勤恳升司账。后受聘英商隆茂、永丰洋行充买货手。1912年，袁世凯拨北洋库银300万两成立志成银行，张为会办。1915年盐业银行成立，志成银行班底全部转入，张任经理。1923年，兼任道生银行协董。嗣后又与人合作经营永孚、永丰、永济、和丰、中和等钱庄。1929年辞盐业银行经理职务，改任总处顾问。曾与严修等组织"崇俭会"。张作涛旧学功底很深，有《首善文集》行世。1935年7月在南门外升南街寓所去世。

张作涛之子张召兰，字泽湘。同治十三年（1874）二月初七生，少时在天津著名银号永顺成学徒，三年后升任司账。1908年大清户部银行改组为大清银行时，任总务、出纳和营业等职。民国成立后到直隶省银行工作。1915年任永丰银号经理，1923年参与四行准备库与储蓄会筹备，并任天津分库经理，1925年辞职。1924年任道生银行副经理，1929年任中和银号经理，直至民国二十九年（1940）正月初七去世。20世纪30年代还曾担任天津钱业公会理事、天津商会监事等。

张丙生1912年10月生，1928年入大同银行当练习生，后成为正式职员。1940年接替父亲任中和银号经理，到1952年公私合营。之后任利中油厂经理，1956年并入天津市日用化学公司，任日用化学公司副经理。1949年曾担任天津市第一届人民代表。1981年3月去世。张澜生1917年生，1942年北京大学毕业。新中国成立前曾在《青年日报》当记者，新中国成立后从事外贸和金融工作，现居天津。张锐生1929年生，1953年清华大学毕业。著名坦克专家，现为中国兵工协会秘书长。

生甡里占地8.9亩，原属叶公绰地产。张家购地建房，总计花去20万元，除自住外全部出租。原生甡里1号（今重庆道106号）即张召兰父子旧居，为四层单体楼房，带阁楼。原生甡里2号至20号则均为三层连体楼房。原1号楼1976年大地震时受损，维修后成为三层，但大体仍是原貌。生甡里1952年公私合营，张家仅保留连体楼中的两所自住，20世纪80年代售出。原1号楼新中国成立后曾由天津市宗教局办公用，后成为天津第三毛纺厂职工宿舍，现为该厂仓库。

谷良民旧宅

谷字敬轩，山东省钜野县人。1889年生，1907年因其三哥谷良友引荐，入奉天新民府清朝新建陆军第20镇冯玉祥营当兵。因身强体壮且聪明好学，不久调任冯玉祥卫士。追随冯参加过滦州起义、护国讨袁、讨伐张勋、直皖战争、第一次直奉战争等，多次护卫冯脱险，从士兵升至警卫连长。

1924年第二次直奉战争时，冯玉祥发动"北京政变"，推翻贿选总统曹锟，所部改编为国民军，谷良民在国民军一军十一师二十一旅四十一团任营长。1925年6月，继任四十一团团长，同年参加冯玉祥绥远"五原誓师"，拥护孙中山的三民主义。1927年，冯玉祥部改编为国民革命军第二集团军，谷任二十四师十六旅旅长，投入北伐战争。同年12月，谷奉命在豫东募兵，组建补充旅，任旅长；次年初该旅扩编为第二师，任师长。1928年6月北伐战争结束后，任山东曹州镇守史兼民团旅长。

1929年，随韩复榘脱离冯玉祥西北军集团，加入韩部第三路军，任第一混成旅旅长。1930年升任第二十二师师长。1937年"七七"事变后，升任韩复榘第三集团军第五十六军中将军长，率部在黄河沿岸抗击日军。1938年2月，谷良民率全军浴血拼杀收复济宁，所部名声大振，同时延缓了日军攻击台儿庄的时间。

1938年底，蒋介石杀掉韩复榘，谷感到前途难测，赴武汉见蒋介石，请辞军长职务。为了面子上过得去，蒋给了谷良民一个国民政府军事参议院中将参议的闲职。

谷良民去职后，在四川省江津县创办酒精厂，积极支援抗战。抗战胜利后，谷良民移居天津，与天津民族实业家组织的东亚公司合作，任公司常务董事，以经营国货来抵制洋货。新中国成立后谷良民迁居北京，1975年3月20日在北京协和医院病逝。

谷良民的三哥谷良友，字心志。1881年生，投军时与冯玉祥同棚（班），因情投意合结为金兰。曾任国民革命军第二集团军暂编第二师师长。1928年北伐结束后，因病回乡休养。1934年10月17日在济南病逝，冯玉祥亲临主祭。

谷良民在津居所为今成都道77号，正对着成都道与芷江路交口,现由天津市民族事务委员会和天津市人民政府宗教事务局办公用。该建筑为西式风格楼房,主体三层,顶层缩进,外墙面饰以白色,风格别致。天津沦陷后,该居所被日伪强占。1945年春,国民党军统局设立华北特别通讯站,徐宗尧任站长,以日伪皇协军少将高参身份作掩护。抗战胜利后华北通讯站公开活动,徐宗尧从日伪手中接收谷良民宅,并一度把特别通讯站站部迁到这里。新中国成立后,谷良民将该处房产捐献给国家。

孙世泽旧宅

孙字润生,祖居辽宁沈阳,与著名京剧演员孙菊仙同宗。他19世纪80年代生于天津河东上岗子"十字街"。孙世泽早年家境清苦,曾读过私塾,后给米面铺当学徒,因排行第三,故人称"孙三"。由于生意上常接触外国人,孙世泽遂刻苦学习英语,家里人都说他"要疯"。约在清末民初,孙世泽成为德商德孚洋行买办,主要经营阴丹士林等德国染料。1914年第一次世界大战爆发,当时天津阴丹士林布逐渐流行,需求量很大,而德国染料无法运进,市价不断攀升。此时孙世泽手中恰好有大批存货,遂由此发迹。

第一次世界大战后,孙世泽已积累了十多万元资金,于是脱离德孚洋行独自经营,自任企业董事长。他在河东(今东丽区张贵庄附近)购买了一大片土地。1920年前后,天津市在张贵庄附近筹建飞机场,孙世泽手中的土地被高价征走,又赚了一大笔钱。

孙家大院位于天津老城厢,分两部分,前院为传统中式四合院,后院为西式花园洋房,其组合形式在天津十分少见。新中国成立前门牌号为北门内大街99号,新中国成立后改为100号,后又改为70号，直到2003年前院在老城厢改造中拆除。

1928年，孙世泽在北门里购得中式四合院一所，该院原为清朝某个小官署衙门的办公处，砖木结构，有正房和厢房各三间。购房同时，孙又将房后空地十余亩买下。1929年在空地开始建房，1932年基本建成，1934年至1935年陆续入住。新建部分包括一座主楼和若干附属楼房、平房等，还有带西式凉亭的花园等。主楼主体两层，局部三层，是中西合璧式建筑，有典型的德式圆屋顶。1953年私房改造，孙家保留少数平房自住，其余成为天津机床厂宿舍。

1954年，孙世泽搬到西门内大街天瑞胡同12号的四合院居住，1959年去世，约七十余岁。2003年8月老城厢改造时，孙氏后人从孙家大院最后搬出。

孙家大院前院已拆除，现成为鼓楼商业街的一部分。后院楼房部分经整修保存完好，目前无门牌号码。近年有该宅院为"曹锟旧居"的说法，可是并无根据。

此外须交代的是，近现代天津还有两个有名的孙润生，他们一个创办利生体育用品厂，一个经营德和永杂货店，与这个本名孙世泽的孙润生不是一回事儿。

李武台旧宅

李号君山，1905年生于山东省乐陵县茨头堡乡荆林村。他与著名抗日将领宋哲元同乡，1922年与宋之胞妹宋淑贞结婚。

李武台早年就读山东省立中学，毕业后经宋哲元引荐，受聘西北军刘郁芬部，任秘书兼办政务。1929年任怀来县县长，注意发展经济,曾使该县名产"煮酒"参加巴拿马万国产品博览会。1931年宋哲元任察哈尔省主席后不久,"九一八"事变爆发,东三省沦陷,察省逐渐成为抗击日本侵略的前沿。为赚钱武装部队,宋哲元调李武台任察省张多关(张家口和多伦)监督,加强海关缉私。李同时兼任宋部国民革命军第二十九军军械局局长,受命将税款大量解往天津。1935年至1936年间,李武台化装成日本人(李精通日语和英语),用"君山亦夫"的护照,多次秘密赴欧洲考察。他每次都携带大量黄金,换成美元后存入瑞士银行,同时赴德国等地办理购买军火手续。

1937年初,李武台订购的武器开始成批运抵天津港,他又在天津负责监督验收。这些军火主要包括捷克式步枪1万支、高射炮20门、加农炮20门、自来得手枪4000支,另有大红头卡车等。此时第二十九军已申请到造枪证,武器运到后即被送入大沽造船厂,改头换面后配发到部队。1937年4月,李武台订购的武器全部到货,宋哲元认为"北平形势较天津严峻",命令先将武器发放到驻守北平一带的第三十七师冯治安部。不久"七七"事变爆发,第二十九军官兵奋起抵抗,这些武器发挥了重要作用。

1937年5月,李武台任察哈尔省张多关代理关长。8月张家口陷落后,李骑马回天津,中途被日军以"嫌疑犯"为由扣留。他受尽酷刑,肋骨断了三根,牙齿大部脱落。后因随从供出他是宋哲元的妹夫,日本方面认为可以利用,才通知家属保释领回。李武台在津养伤期间住"宋家大院"(原南京路99号宋哲元旧宅),汉奸不断上门,劝他出头为日本人做事,李以疾病缠身为由严词拒绝。

为躲避汉奸骚扰,1938年李武台身体好转,能够下地活动后,化名李军三,躲到下瓦房贫民窟,以开设"四合电磨房"为生,抗战胜利才回到"宋家大院"。约 1946 年底，李武台搬到重庆道协康里（今协同里）4 号楼房居住，直到 1967 年去世。

协康里 1927 年由林锡光（曾任甘肃省长）和马仲侯建房成巷，1982 年因重名改为协同里。李武台所居为一幢具有现代风格的三层楼房，1976 年大地震中损毁，后按原样重建，基本保持原貌，现为普通民宅。

王廷桢旧宅

王字子铭（一作子明），1876 年出生在天津大直沽。父亲是个木工，家境清贫。他刻苦勤学，考入北洋海军学校测量专业。1901 年转入北洋武备学堂，同年保送日本士官学校，成为我国最早留日的军事学员。1903 年毕业，归国任陆军教习营教习，不久任陆军第五镇骑兵统带。后破格提入御林军（后改称禁卫军），历任管带、标统、协统等。1909 年，被委任为军事考察团专使，参观法国军事演习。1910 年归国后，升任禁卫军统领。辛亥革命后，禁卫军改编为冯国璋所属陆军第十六师，任师长。1913 年 7 月，署天津镇守使。1914 年 1 月，任江苏省江宁镇守使、长江沿岸要塞司令。1917 年 9 月，任长江巡阅副使兼第十六师师长。1919 年 12 月，升任察哈尔都统，授陆军上将衔。1920 年直皖战争后，免都统及第十六师师长职务，任北京政府大总统高级军事顾问，并授将军府桢威将军。王称病请辞，回津闲居日租界须磨街，靠出租房产维持生活。据记载，王回津后住须磨街 33 号，即今陕西路 3 号楼房，保存比较完好，现为居民大杂院。另据记载，王在日租界福岛街（今多伦道）裕德里也有房产。

1923年,王出任蒙古前卫镇守使。1925年11月,任吴佩孚的十四省讨逆联军后勤总司令。吴失败后再次去职回津。其间多次捐款兴办教育,被聘为南开大学校董,并被推为天津留日士官学校同学会首任会长。

1931年"九一八"事变后,日本华北驻屯军司令官香月清司(王留日时同学)三次往访,想请王出面掌管伪华北政权,均被严词拒绝。1937年天津沦陷后,日人远山猛雄(溥仪的老师)也曾劝王为日本人效力。裕仁天皇的叔叔访华期间,曾专门约见王廷桢。为了躲避纠缠,王以治疗皮肤病为由,住进法租界马大夫医院(今大沽北路口腔医院址),不久全家躲到英租界蔡成勋家。日本人恼羞成怒,强行查封了王在日租界寓所及其他房产。

1938年左右,王在法租界五十三号路(今西宁道)买下一所独院小楼,全家迁居于此。1940年初,去亲友家赴宴时遭日本特务暗算,3月6日在天津逝世。

1937年天津沦陷后,日本军部派大矢信彦接办《庸报》,将其改造成日本北支派遣军的机关报,并将社址由法租界二十六号路(今滨江道外文书店址),迁到日租界须磨街,办公地点就设在王廷桢宅。1944年4月,日本人将《庸报》改组为《天津华北新报》,改由汉奸掌管,一直维持到1945年日本投降。据老居民回忆,上海《申报》驻津机构也曾在这里办公。今陕西路1号,是王廷桢宅的附属建筑,曾用作庸报社纸库,现在成了一家歌厅。

苏锡麟旧宅

苏字玉书,直隶省宁河县(今属天津)人。清光绪六年(1880)

生。他因参与张勋复辟名声很著,但关于其生平行事记载却不多。我们仅知他1894年投聂士成毅军(1899年整编为武卫前军),先在骑科当学兵,并习旗语、灯语等,不久任马队教练。1900年,聂士成在天津抗击八国联军,苏所在马队驻扎西沽武库。聂殉国后,马队各营由马金叙节制,不久奉命护驾,在娘子关附近击败追击的德军。马金叙统带之武卫前军马队,1901年初划归山西巡抚岑春煊节制。1903年调回直隶,由袁世凯差遣。袁将其改编为直隶淮军先锋队,交张勋统带,从此苏成为张的下属并受到赏识。1911年夏,张勋任江南提督,苏锡麟任骑兵营管带,驻南京守护粮台。

1913年8月,袁世凯封张勋为定武上将军、安徽都督兼长江巡阅使,所部称定武军,苏锡麟为统领之一,驻防灌云、涟水一带。1917年6月7日,张勋以调停黎元洪、段祺瑞的"府院之争"为借口,率定武军统领苏锡麟、李辅廷及十营士兵北上。8日,部队暂驻天津河北车站附近,苏随张住进了张在德租界的公馆(在今浦口道)。离开徐州前,定武军总司令张文生洞悉了所谓支持张勋复辟的各省督军实际各怀鬼胎,叮嘱苏通过张勋夫人曹琴做张工作,此次北上"什么都可以办,只有保皇上复位这件事办不得"。曹琴常住天津,苏锡麟住到张公馆当天,就找机会将张文生的意思转达给了曹琴,可惜张勋没有听进曹琴的进言。

6月14日,苏锡麟率军随张勋抵北京,与李辅廷驻扎在天坛,张勋住进北京南河沿的公馆,并在此设定武军司令部。6月30日傍晚,张勋传令给驻扎天坛的定武军,转天一早要挂出龙旗。苏锡麟连忙赶到南河沿公馆,劝说张勋"千万别管这件事(指复辟)",张称"要干就干到底",苏遂表示坚决陪张。

7月1日复辟后,不利复辟的言论日多。3日,段祺瑞在马厂组织讨逆军,誓师通电讨伐张勋。张勋派苏锡麟带友军到丰台、廊坊布防。苏过了丰台接近廊坊时,发现所谓友军有些不对头,迅速脱身回北京向张勋汇报。这时,驻扎在天坛的李辅廷被对手收买不听调遣,张勋气得破口大骂,立刻命苏锡麟在前门箭楼以内至天安门前一带布防,重点防卫张公馆。8日起,先后有三批人向苏游说,劝他放弃抵抗交出张勋,但都碰了钉子。

8日,讨逆军占领丰台。段祺瑞提出解散定武军等条件,张勋拒不接受。12日拂晓,讨逆军向苏锡麟防区发起进攻。苏凭借东华门及景山等处的大炮俯射,压住了讨逆军的攻势。这时,时任警察总监的吴炳湘来到苏的工事里,又一次劝降。苏提出保证张勋安全的条件。吴遂派人通过苏锡麟防线,驾车将张勋送到荷兰使馆。张被接走后,苏接受停火要求,将部队集结在警察总监署内等候收编。13日,苏锡麟到荷兰使馆看望张勋,并请示残余部队如何处理。张让苏看着办。苏回来后先让部队剪掉辫子,整理后部分遣回原籍,部分送归徐州。此后,苏在北京租了房子,以便照料张勋。

1918年10月,张勋被公开赦免。他与张作霖为儿女订下娃娃亲后,将苏锡麟等心腹推荐给张作霖。1922年第一次直奉战争失败后,张作霖以旅为单位整编辽吉黑军队,苏任东三省陆军骑兵第三旅旅长,驻防奉天。1925年冬,任蓟榆镇守使,驻扎山海关。1926年初,任第十军军长,与直鲁联军一起攻入天津。1927年,苏脱离军旅,在张学良帮助下,经营裕蓟盐业公司,直到1945年。约在1928年"皇姑屯事件"后不久,苏锡麟到天津租界寓居。

苏锡麟在津应早有住所,张廷谔1924年迁居津门时,住意租界三马路(今进步道),其邻居之一就是苏锡麟。后来,苏锡麟移居英租界科伦坡道(今常德道72号)。苏英租界居所至今保存完好,为两所普通连体三层小楼中的一所。苏在这里至少居住到20世纪60年代中期。楼的旁边原为空地,今由昆鹏小学使用,苏曾在空地种庄稼,以示真正"解甲归田"。他因一生行伍,故身体很好,八十多岁时还能上房干活。1972年病逝。

苏曾为家乡宁河中学(今芦台一中)捐款,并任该校董事。张勋病逝时,苏送了挽联:"匹马久相随,纵当时胜负攸分,南北两京同苦战;潜龙虽勿用,独此日是非难紊,东西列国惜精忠。"另据记载,苏还任过世界红十字会济南总会会长及天津分会会长。新中国成立后曾任天津市政协委员。

张煦臣旧宅

张号锡纯,1886年生,河北省丰润县大齐坨村人。与张佩纶(李鸿章之婿,著名作家张爱玲的祖父)、张人骏(清末曾任两江总督)、张志潭(北洋政府时期曾任交通总长)等同族,俗谓大齐坨张氏,是当地的名门望族。其谱名属"志"字辈,志潭是其未出五服的堂兄,两人关系极好。张为官及做生意,多得志潭提携。

张煦臣的父亲靠租地种为生,在张氏家族中境况一般,算是小康之家。张煦臣小时读过私塾,后就读于警官学校。毕业后至山东任职,先后在三个县当过县长,时只有二十多岁。后到上海,在淞沪警察厅当科长,与厅长徐国梁是把兄弟。后来在张志潭帮助下,调任烟台警察厅厅长。1919年"五四"运动期间,他正在烟台任上,曾给北平发电报,报告烟台学生动向。

约1924年,张煦臣辞职回到天津,依靠张志潭关系从事盐业生意,虽然没有暴富,但一直过着殷实生活。20世纪50年代初,张煆臣在天津去世，时年六十余岁。

据1937年印行的《天津电话号簿》记载，张煆臣的住宅位于"英租界都柏林道怡丰道转角"，门牌为怡丰道38号，即今郑州道湖北路交口处的湖北路57号。张初到天津时租住在永兴里（小德张房产）对面一处联排别墅式楼房里，是梁炎卿长子和陈祝龄被撕票的地方。20世纪30年代初，张建起今湖北路住宅。这是一所三层带地下室的西式楼房，1976年地震时有所损坏，但基本保持原貌。当时张煆臣沿都柏林道和怡丰道共建了四所楼房，除自住者外，怡丰道36号售与王普（倪嗣冲之婿，曾任北洋政府安徽省长），怡丰道34号则先后住过刘桂棠（山东著匪）和鲍文樾（曾任汪伪政权陆军部长、河南省长），临都柏林道一所留作出租房。四所房由仪品公司承建，据说有偷工减料之嫌，张为此与该公司有过交涉。

1923年11月，徐国梁被浙江督军卢永祥之子卢小嘉收买刺客暗杀。七八年后，徐的几个孩子逐渐长大成人，也遭到刺客追杀。张煆臣遂将徐之次子徐树圃、三子徐树强接到家中隐藏避祸，住在账房先生的屋里。张煆臣属狗，因此特别喜欢养狗。徐家兄弟避难期间，常出门放风遛狗。

在天津数以千计的寓公中，张煆臣虽然谈不上知名，但与其联姻的家族却颇有几个大名头。张煆臣有一子五女。儿子张允彝（后改允一），1907年生，1969年前后在津病逝。长女张允宜，1917年生，嫁吕海寰（清末民初曾任中国红十字会会长）之孙吕廼颐。次女张允华，1919年生，嫁鲍毓麟（北洋政府时期曾任北平市公安局长）之子鲍世魁。三女张允超，1922年生，嫁陈光远（北洋政府时期曾任江西督军）之子陈禄印。四女张允庄和五女张允彬，前者嫁美国军人，后者嫁南开大学毕业生宋宝恺。

王荷舫旧宅

王本名振纲，以字行。光绪五年（1879）六月二十二日生于天津粮店后街吉家胡同公议头条4号。王家祖上开有双源米铺。他就读于直隶高等工业学校，数学、英语都很好，用英文写信从不打草稿。毕业后在天津官立中学堂任教多年。他教学轻松平易，很受学生欢迎。因其特别长于三角学，因此人称"王三角"。后经叔父王劭廉援引，进入开滦矿务局工作。最初当统计员，不久升任银钱账房主任。

1924年，开滦成立北方售煤处，王成为主任，办公地点在开滦矿务局大楼院内（今泰安道天津市委大楼）。王利用售煤逐渐发家，成为英租界工部局董事，并参加了奉系要员为主组成的"董家俱乐部"，成为当时军政界头面人物之一。

1937年7月天津沦陷后，日本关东军调满洲铁路株式会社理事坂谷希一来津，专司处理华北财经事务之责，着手改组河北省银行。同年12月，王荷舫成为该行总经理，至1942年辞职。

王荷舫宅位于今岳阳道与广西路交口处，现在门牌为岳阳道35号和37号，建成于1932年。35号唐山大地震后拆除重建，目前为一家酒店，此处新中国成立后曾用岳阳道83号门牌。37号洋楼现在保存完好。住宅原带花园，附有戏台以及假山、喷泉等设施。王宅图纸由其子王鸿枢设计，鸿枢毕业于唐山交通大学。

建造私宅的同时，王荷舫还沿今广西路和岳阳道建了一批砖木结构两层西式楼房，命名为德龙里。1949年，朱月桥所建的福发里并入，仍称德龙里。1995年11月拆除，拟建高层商住楼，现在是临时农贸市场。此外，王在河东区沈庄子也有大片房地产。

1945年日本投降后,国民党成立天津区汉奸财产清查委员会,设有三个特别看守所:第一特别看守所就设在王荷舫宅,关押的有王荷舫及伪天津市长温世珍、伪保定市警察局局长屈士和等。后来,王宅被国民党军事委员会华北行辕所属师管区司令部司令李兆瑛争得,王荷舫等被转移到监狱看守所。拘押期间,王鸿枢四处奔走,为父亲疏通关系,在天津解放前夕病累而死。王荷舫因民愤不大,天津解放后人民法院准予保释,仍住在岳阳道宅,直到1953年在愧悔中病故。

王荷舫与严复有过交往,严复日记中曾记载与王一起吃饭等事。严曾赠王两件墨宝,现藏于天津博物馆。一件是行书八言对联:奉魁承杓,垂后不朽;钩河摘洛,为学者宗。另一件是行书书法轴,内容是一首宋词。

王荷舫的夫人,是温世霖之妹,温世珍之姊。受内兄影响,王荷舫十分重视教育,经常捐资助学。他曾任普育女子学校校长,虽然事务繁忙,仍坚持不时到学校办公。王荷舫还与王晓岩一起,捐资在法租界巴黎道(今吉林路)创办众成商科职业学校,并亲任校长。

黄顺柏旧宅

今睦南道111号,为一处浓荫遮蔽的静谧宅院。宅院中有座三层洋楼,是新中国成立前天津大资本家黄顺柏所建私宅。黄顺柏本名黄金生,顺柏(一作顺伯)是他的字或号。有关黄顺柏生平行事,我们知道不多,但根据有关资料片段记载和当事人点滴回忆,可以勾勒出一个大概。

黄顺柏是山东黄县人,约出生于20世纪初,母亲是朝鲜人。十几岁的时候,他流落到大连,因生活无着,给日本人当起"勤劳俸仕",也就是杂役。黄顺柏聪明伶俐,很快学会了日语,颇得主人欢心。此后他一直在日本人手下做事,不知怎样因缘际会,后来成了日本派遣军总司令松井石根的翻译官。1937 年,松井石根指挥日本侵略军攻占上海、南京,并制造了骇人听闻的"南京大屠杀"。当时黄顺柏正在松井身边工作,趁机大发国难财,依靠巧取豪夺积累起一笔可观的财富。

1938 年,黄顺柏卸职来津定居。1939 年,他与李茂林以及一朱姓人合作,在英租界三十一号路(即香港道,今睦南道)购地,建起六座两层砖木结构楼房,并从黄、李两人的名字中各选一字,命名为"金林村"。与此同时,他与伪天津警察局特务科科长徐树强勾结在一起,大肆做毒品生意。黄顺柏还曾成立天津粘板公司,任总经理。在香港道(今睦南道)与登伯敦道(今云南路)交口,黄顺柏给自己专门建了一处豪华居所,时人称为"月宫",这就是至今保存完好的睦南道111 号西式楼房。"月宫"离金林村不远,中间只隔着徐树强宅。黄宅与徐宅则只隔一条马路(今睦南道),由此也可见两人关系之亲密。黄顺柏的妻子名叫蒋锦兰,是北洋政府陆军总长蒋雁行之女,很善于交际。

日本投降后,军统特务头子戴笠先后三次来津,布置"肃奸"工作。戴笠与天津地方党政军首脑协商,联合组成肃奸机构——天津区汉奸财产清查委员会。可戴笠来津名为"肃奸",实际上是寻机捞取政治和经济资本。黄顺柏作为在册汉奸,在戴笠庇护下不但未受惩治,而且还成了朋友。据记载,两人的交往最初是由吴泰勋牵的线。吴系黑龙江督军吴俊升之子,与戴笠拜过把子。1945 年 11 月,戴笠第一次来津,就住在马场道 7 号吴泰勋家。据说戴包庇黄的条件是：由黄出资与上海杜月笙合作，共同恢复经营天津北洋保商银行。该银行1910年在津创立，行址在今解放北路52号，抗战爆发后银行停业，但营业执照未曾注销，因此戴笠拟将其复业，作为军统局的经济机构。另据沈醉回忆，黄顺柏还私下向戴笠孝敬了一件价值连城的商朝青铜器。日伪统治时期，这件青铜器被北京门头沟煤矿总经理、日本人白鸟吉乔掠得。抗战胜利后，白鸟吉乔被国民党政府拘押，青铜器辗转归黄所有。

1946年3月13日，戴笠第三次来津，住在其睦南道私宅。14日，戴笠在吴泰勋家会见了第94军军长牟廷芳和天津市市长张廷谔等。戴本拟当日回上海，因牟、张的再三挽留，遂推迟至15日上午才离开。戴笠乘坐的222号专机当天抵青岛，16日停留一天，17日上午11时45分飞往上海。起飞前，戴笠特邀在青岛的黄顺柏一同赴沪，与杜月笙协商恢复北洋保商银行事宜。本来上海方面通报说天气不好，但戴笠急于当晚在沪为即将离任的美国第七舰队司令柯克上将饯行，坚持命令飞机起飞。途中飞行员获悉上海暴雨如注，于是转飞南京，结果南京也大雨滂沱。13点13分，飞机向地面最后一次发出降落信号，不久即撞毁在南京附近的戴山之上。包括戴笠和黄顺柏在内，机上人员无一幸免，尸体和飞机残骸直到19日凌晨才被搜寻人员发现。

刘桂棠旧宅

刘是民国时著名土匪，名字又作桂堂，字兴田。清光绪十八年（1892）生于山东省费县铜石镇南锅泉村（今属平邑县）。他少时家贫，1904年起给地主放羊，练就投石子绝技，远击羊角百发百中，民间还传说他能"投石击鸟"。刘自小心术不正,曾被师傅踢下山崖,幸好抓住崖边荆棘才拣回性命。1915 年,他聚集了几个地痞流氓,啸聚山林当起土匪,专门打家劫舍。在八个拜把子盟兄弟中,刘桂棠行七,加上面色黝黑,被称为"刘黑七"。

刘桂棠精明胆大,被推为匪首,所部最多时逾万人,流窜鲁、冀、热、辽等十余省,前后为害 29 年之久。1934 年 2 月,刘在山东诸城被韩复榘打垮,残部在刘德胜带领下窜到察哈尔之宣化一带。刘桂棠带着亲随逃入天津日租界,帮助日本人组织便衣队等,扰乱天津治安。1935 年秋,刘桂棠经日本人授意找到刘德胜,招兵买马重整旗鼓。

1936 年 2 月,刘桂棠率部入关,在河北东光被宋哲元、商震再次打垮;3 月,刘又逃到天津日租界躲避。韩复榘知道后,花了 6000 块银元,买通刘手下连长徐一龙,与韩之亲信刘耀廷一起行刺刘桂棠。6 月 20 日,刘桂棠正在日租界赌博,两人偷偷潜到近处,向刘桂棠开枪后逃跑。刘当即倒地,但未被击中要害,只是伤了嘴和脚。

1937 年卢沟桥事变后,刘桂棠将旧部招致天津,给日本人卖命。12 月,他以"皇协军前进总司令"身份回到山东扩充人马。1938 年底,刘反对日军整编"反正抗日",所部改编为国民党第 36 师,任师长。刘之后仍与日伪勾结,大肆残杀抗日民众。1943 年 11 月 15 日,八路军鲁南军区集中兵力,在柱子山区将刘桂棠匪部彻底歼灭,刘被八路军战士何荣贵击毙。

刘桂棠日租界住所,现已不得而知,但在英租界戈登道(今湖北路 53 号),有一处刘曾居住的洋楼保存至今,现在是一家饭店。该楼 20 世纪 30 年代初由张煆臣(曾任烟台警察厅厅长)兴建,不久售与刘桂棠。约 30 年代末,曾任东北军参谋长的鲍文樾继刘之后在此居住。1976年唐山地震中楼房受损,维修后大体保持原貌。

刘桂棠戈登道宅,长期由其母亲居住。刘抢来的四五个媳妇,也安置在这儿。楼内外有土匪看家护院。刘桂棠很孝顺,隔数月就要回来看望母亲。据说他每次进门先是磕头,再留下一袋子洋钱。刘桂棠一般晚上到家,转天一早就走。回来时,常化装成农民,骑一头白肚皮的黑驴,驴脖子上挂有铃铛。驴个头高大,刘与之感情很深,可拍打不同部位灵活指挥进退。刘无论吃啥,都喜欢拿来喂驴。每次回家,驴撒在院里,从来不拴。

按:该建筑使用单位所挂门牌为57号,有误。

张人骏旧宅

张字千里,号安圃。生于道光二十六年丙午(1846)正月二十九日,清末直隶丰润(今属河北)人,出自著名的大齐坨张氏家族。他幼年颖悟,刻苦攻读。同治三年(1864)中甲子科举人,同治七年(1868)中戊辰科进士,任翰林院庶吉士。他在京居官凡30年,为人凝重,操履端洁,察史颇严。光绪中叶,始由京官外放,任广西桂平梧州盐道,继而先后任广西、广东、山东布政使。光绪二十六年(1901)升曹运总督,二十七年任山东巡抚,二十八年任河南巡抚,二十九年任广东巡抚,三十一年任山西巡抚,三十三年授两广总督。宣统元年(1909)调任两江总督兼南洋大臣。1911年辛亥革命,江浙联军光复江苏时,张人骏坐在箩筐里,从南京古老城墙缒下,经沪上逃到青岛定居。1914年第一次世界大战爆发,日本乘德国无力东顾之机侵占青岛,张人骏举家避往天津,住在英租界戈登道。

张人骏受传统忠君保国思想浸淫甚深,他先是反对戊戌变法,后来对抗辛亥革命；退居天津期间，又有事没事地跑到张园、静园"朝见"末帝溥仪。这个似乎注定保守落后的张人骏，在为官期间却多次大义凛然地与列强抗争，维护了国家主权。其中最著名的就是任两广总督期间，两次派水师提督李准到东沙、西沙宣示主权，挫败了日本妄图霸占东沙岛的野心。

张人骏在津居所在今湖北路1号，现为居民大杂院，虽然破旧，但仍是当年原貌。这是一所普通两层西式洋楼，临街围墙高大，内院则很狭小。张为官比较清廉，生活相对拮据。其住所表面看来不小，但房间逼仄，全家住在一起，十分紧张。民国十六年丁卯（1927）正月初七日，张人骏在天津寓所病逝。他擅长书法，遗墨由后人编为《张人骏墨迹选》出版发行。

著名作家张爱玲的曾祖父张印塘与张人骏的祖父张印坦是亲兄弟，因此张爱玲幼年居津期间，常去戈登道看望她的堂伯父张人骏。她在散文《天才梦》中回忆说："我三岁时能背诵唐诗。我还记得摇摇摆摆地立在一个满清遗老的藤椅前朗吟'商女不知亡国恨，隔江犹唱后庭花'，眼看着他的泪珠滚下来。"文中的满清遗老，指的就是张人骏。

张人骏长子张允言，曾在天津户部造币厂任职。今河北路与成都道交口的中国银行（河北路225号），是允言之子张象曧、张象昶的旧宅。该楼建于20世纪20年代末，由象曧、象昶自行设计。两人均为同济大学土木系毕业生，新中国成立后象曧任包头铁道学院教授，象昶任北京市建筑设计院副总工程师，曾主持中国历史博物馆建设工程。1937年"七七"事变不久，张家将该楼售出，后由卞万年等在此办起著名的恩光医院。现存建筑为21世纪初落地重建，但保持了原有风貌。

按:重建时间为 2001 年或 2002 年。

渠本翘旧宅

本翘原名本桥,字楚南,同治元年(1862)生于山西祁县。渠氏为著名晋商八大家之一,所设长裕川茶庄和三晋源票号天下闻名。本翘父源浈,人称"旺财东"。因天生近视,本翘失宠于父,长期寄居外祖父乔朗山家。他天资聪颖,勤奋好学,清光绪十一年(1885)中秀才,十四年(1888)中解元,十八年(1892)中进士,任内阁中书。光绪二十六年(1900)庚子事变,追随光绪、慈禧到西安。光绪二十九年(1903),以外务部司员任驻日本横滨领事;三十年(1904)回国,正值清政府废科举兴学堂,遂于次年在祁县城内昭余书院旧址创办中学,并附设蒙养学堂;二十八年(1902)同祁县乔殿森合资,接手官办晋升火柴局,改名双福火柴公司,成为山西最早的民族工业。光绪三十一年(1905),山西商民为收回被清政府出卖给英商福公司的阳泉、潞安等煤矿开采权,掀起保矿运动。本翘积极奔走,最后协助晋省当局与福公司签订协议,并亲自出面筹借白银200万两赎回矿权,在阳泉成立保晋矿务有限公司,出任第一任总理。宣统二年(1910),被清政府任命为典礼院直学士,自此人称"渠学士"。辛亥革命时,被任命为山西宣慰使,坚辞未就。之后南北议和,为北方随员。清帝退位后迁居天津。

在津期间,他致力于古籍与字画收藏,大力搜集整理乡邦文献。1915 年,刊印刘奋熙的《爱薇堂遗集》,并撰写序言与事略。1916年,应榆次常赞春之请,助资石印戴廷栻的《半可集备存》。又拟编祁县地方志及刊刻李扬清的《尊莘轩诗稿》等,惜未及卒业,即于

1919年5月猝然去世。在津的山西人,用近乎国葬的礼仪送别了渠本翘。他与国学大师林琴南友善,藏有林的《麓台招隐图》。林在《祁县渠公墓表》中盛赞他说:"少有检格,于文史多有所涉。既遭国变,无聊不平,一寓之于酒,想其酒酣耳热,西望崇陵,血泪填满胸臆矣。"

渠本翘旧宅原属马厂道,位置在今浙江路15号,建于民国初,由比利时建筑师设计,是局部三层的西式洋楼。1976年地震后,增建为三层居民楼,但原建筑结构未拆改,内部和外观局部尚可见旧貌。楼外原来是花园式大院,今起士林大楼位置,本是渠家的院子。

1938年,本翘后人卖掉马厂道宅,租房析居。长子晋銩住今大理道10号,为张姓房产;三年后迁今大理道7号1门(当时为芳斌里4号)。次子晋鹤住今大理道33号,为訾玉甫家房产,与民园体育场仅一路之隔;他曾建洋楼一幢(今大理道105号),但因喜欢看足球,未肯离开紧邻体育场的宅子,自建楼房只好出租。三子晋熙住今澳门路6号(当时为庆云里1号),为沈姓房产。

过之翰旧宅

过字觐宸,1887年生于安徽省蒙城县楚庄乡大过庄村。先后就读蒙城县立高等小学、颖州清颖中学。1911年考入南洋陆军讲武堂,并加入同盟会。辛亥革命胜利后被选为安徽省议事会候补议员,在蒙城县议事会工作。1913年因缉捕土匪受到北洋将领陆建章赏识,留在京卫军第一旅(旅长冯玉祥)充正兵,此后逐渐成为冯部西北军重要成员之一。

1922年冯玉祥任河南督军,过任督军署参议,不久兼河南省印花处处长。1924年冯玉祥"北京政变"后,任察哈尔省政府委员、财政厅厅长。1925年许世英在北京组阁时,任财政部次长兼盐务总署署长。1926年冯玉祥任西北边防督办时,任督办公署咨议,筹办西北银行。1926年6月,西北军在奉军进逼下退向西北,被迫辞去北京政府本兼各职,就任察哈尔省建设厅厅长兼农垦局局长;9月冯玉祥举行"五原誓师",成立国民联军总司令部参加北伐,过任总部军需处长;不久随军进驻西安,任陕西省财政厅厅长、西北银行总经理。1930年中原大战后冯玉祥下野,过对西北银行进行清理,支持西北军余部宋哲元等。1931年1月,宋哲元组建东北边防军第三军,6月改称国民革命军第二十九军,过任二十九军驻北平办事处主任。1933年宋哲元任察哈尔省政府主席,过任省政府委员、张多关关长、财政厅厅长。1935年冀察政务委员会成立,任该委员会委员及冀察绥靖公署财务处处长。1937年卢沟桥事变后,随宋哲元部转战大后方。1940年宋病逝后,受到蒋政权排挤,被迫赴香港寄居。香港沦陷后于1942年赴上海隐居。1949年中华人民共和国成立后,受聘为上海市文史研究馆馆员。1965年3月病逝,葬于上海江湾人民公墓。

1978年,中共中央为薄一波等61名同志平反时查明,61人被北平军人反省院释放,得到中共北方局和中共中央批准,党的统战对象冀察绥靖公署"过之翰处长"曾从中协助。为此1980年经上海市委统战部批准,过的骨灰移葬上海龙华革命公墓。

过之翰长子过家芳,字馨亭,1906年生,1927年经彭雪枫等介绍加入中国共产党,他长期在国民党部队任职,秘密从事党的工作。曾参加长城抗战等。1948年,第七十七军副军长兼一三二师师长的过家芳,在淮海战场协助张克侠、何基沣发动起义,为淮海战役胜利做出重要贡献。新中国成立后任南京公安学校副校长、安徽省军区副参谋长等。1998年在南京病逝。

1937年初,过之翰在天津科伦坡道建住宅一所,即今常德道51号天津市劳动能力鉴定委员会工伤职业病鉴定办公室。1937年7月底,过之翰夫人戴闻范(新中国成立后改名戴静媛),为避战乱从北平迁居天津。过的次子过家斌、三子过家武、四子过家瑞、长女过元芳、次女过仲芳、长媳徐玉贞、次媳黄素馨等同来。据过家武、过家瑞回忆,过之翰和过家芳因抗战爆发随军转战,即使在科伦坡道过宅住过,也为时极短。1938年,戴氏等迁居上海,留下过家斌夫妇留守。1940年,过家斌夫妇最后将宅子卖掉赴沪。另据了解,过家的北邻(今常德道49号)住的是湖南督军张敬尧,原建筑为三层西式洋楼,现已不存。过家瑞居津时与张的孙子聊过天。

方若旧宅

方若原名方城,字药雨,号劬园。1869年生于浙江省定海县,19岁中秀才,考取国史馆誊录。1894年来津发展,得同乡提携,充永定河工委员、北洋大学文案兼教习、《国闻报》主笔等,1898年曾参加康有为"保皇党"的活动。1900年八国联军入侵天津,方若引导日军从东门北葫芦观胡同攻入城内,获日本"旭日"勋章。1902年,天津日本领事馆创办《天津日日新闻》出任社长兼总编辑,大力宣传中日亲善。1915年起,在日租界成立"同文俱乐部"集赌抽头,又通过夫人汤小豹(日本领事馆职员,母亲是日本人)的关系,买通日人成立利津公司,在旭街北段廉价购地40余亩。后来著名的新新电影院、中华茶园、新明大戏院、老九章绸缎店、老稻香村南味店等地皮,都租自该公司。方若由此成为津门巨富。

1937年天津沦陷后,任天津治安维持会筹备委员、天津高等法院院长等伪职。1939年任天津伪市公署首席参事、代理市长。1941年日军接收英租界,改为特别行政公署,任代理署长。抗战胜利后被逮捕,以汉奸罪判处有期徒刑5年。1948年12月天津解放前夕,国民党天津市政府疏导人犯,方被保释出狱。1954年在津病逝。

方若政治上虽堕落为汉奸,但在艺术和收藏方面却颇有成就。他擅长金石篆刻、诗词书画。1900年起致力收藏,范围包括古钱、石经、碑帖、金石、书画、古墨等。其古钱收藏尤多精品,与张叔驯、罗伯昭并称近代三大古钱收藏家,有"南张北方西蜀罗"之称,故晚年自号"古货富翁"。方若收藏同时还潜心研究,传世有《校碑随笔》《旧雨楼古货全稿》《古货今说》《药雨藏钱》《古货菁华》《言钱录》《言钱别录》《药雨古化杂咏》《古金银谱》《方家长物》《印萃》《日俄战记》《药雨丝刻》《囊中集》等著作,其中《校碑随笔》允为近代学术名著。

方若在津至少有五处房产,分别位于多伦道、和平路、海拉尔道、辽北路和四平东道,其中多伦道"劬园"最有名,方之号劬园即源于此。劬园建于1938年,砖木结构,为两层日式楼房,建筑面积320平方米。楼层低矮,水泥饰面,入口作长方形洞门,内卧石阶。二层前部有横向通廊。院落宽敞,有假山、花坛等小品。该楼新中国成立后为居民杂院,门牌为多伦道252号;1976年地震中受损,20世纪90年代拆除,拆前门牌为多伦道186号。天津解放后,市人民法院反复调查,确认方若汉奸罪行证据确凿,其财产应予没收。1949年5月,北平文化教育部组成专家小组来津,清点了方若存于多伦道住宅的文物,分装50余箱运往北京。

方若保存完好的住宅为今四平东道65号。该楼位于与河南路交口处,两层砖木结构,现为民居。

按:本文分五次刊于《天津史志》2005年第3期(总第98期,6月20日出版,第40-44页)、第4期(总第99期,8月20日出版,第30-35页);2006年第4期(总第105期,8月20日出版,第38-40页)、第5期(总第106期,10月20日出版,第11-13页);2007年第2期(总第109期,4月20日出版,第33-37页)。署名"杜鱼"。

附录二

原意奥租界历史建筑
身份初步考察

天津是近代中国最早的对外通商口岸之一,自 1860 年开埠起,先后划有九国租界。这里既饱尝了殖民主义的屈辱,也留下了近代文明的印记。特殊的城市发展历史,造就了天津风格各异的建筑风貌,素有"万国建筑博览会"之誉。

20 世纪 90 年代以来,天津城市现代化步伐不断加快,城市基础设施建设和危陋平房改造全面展开。在这种情况下,如何保护好这些兼具历史性、科学性、艺术性的近代租界建筑,就成了十分重要的问题。这些年来,天津市政府和各有关部门,对保护历史建筑给予了一定重视,但同时也毋庸讳言,仍有大量优秀建筑遗产,被我们盲目乃至错误地拆除。

据笔者粗略估算,天津中心城区目前尚有 4000 幢以上具有各种保留价值的历史建筑。但这些建筑中,具有科学上和艺术上研究价值的，只能是较少部分，其他更多建筑的价值，要体现在其人文历史内涵方面。遗憾的是，由于大都历经了七八十年甚至上百年的风雨，很多建筑的人文信息已逐渐淡出人们视线。绝大多数历史建筑，要想搞清其设计者、建设者、使用者等等，绝非容易的事。2005年起，笔者以位于河北区的原意、奥租界为试点，对该区域内的历史建筑身份进行了全方位考察，先后"确认"和"基本确认"了三十多幢名人旧居和公共建筑的身份。后面发布的，就是笔者数年来调研的初步成果，这里先就有关问题作四点简要说明：

一、关于历史建筑身份的确认方法，尽量坚持三重证据：相关联人的指认、文献资料的参证、居民口碑的补充。相关联人指在该建筑中生活、学习、工作过的人或其直近亲友，一般要求其人有一定社会地位和知名度。文献资料主要是各种旧电话簿、同学录、花名册、调查表等，还有少量幸存碑石。居民主要是笔者调查时生活在该建筑内或附近街区的普通市民。具备三重证据者，笔者认为建筑身份可以"确认"；具备两重证据者，可以"基本确认"；仅有一重证据者，只能存疑作为继续考察的线索。

二、笔者的部分调查，是与河北区新闻中心王勇则先生（2005年）、天津市建筑遗产保护志愿者团队（2007年）共同完成的，其间勇则仁兄和团队同好提供了不少有价值的线索，在此谨表示诚挚的感谢。

三、本次公布的成果包括两类：一为《中国文物地图集·天津分册》及其他近年出版、印行的天津文献资料未曾著录者；二为相关文献资料虽然著录，但笔者考察中有进一步发现者。有关详情笔者有机会将另行著文予以补充说明。

四、本次公布的部分成果，此前曾在"天津市河北区政务网"、

《天津市河北区文化旅游指南》《今晚报》《天津史志》、"新·意街"旅游宣传折页以及各种会议场合,以不同形式或多或少地公开过,现综合整理,如有相互抵触之处,以本次发布者为准。

1. 孙良诚旧居

民族路86—88号。孙良诚(1893—1951),字少云,河北静海(今属天津)人。其一生复杂善变,早年为冯玉祥西北军"十三太保"之一,冯败后投靠蒋介石,为军事参议院上将参议。抗战时为冀察战区副总司令兼游击总指挥、第三十九集团军副总司令。后投降日伪,抗战胜利后被国民党收编,任第一绥靖区副司令官兼第一○七军军长。淮海战役中一度投诚,旋以劝降国民党将领滞留不归。1949年后在上海被捕入狱,不久病死。孙1930年3月任反蒋联军第二方面军第二路军总指挥,参加中原大战,失败后下野回天津闲居。1933年任察哈尔民众抗日同盟军骑兵挺进军军长,失败后又赴天津。

2. 易兆云旧居

民族路90号、92号。易兆云(1870—1933),号幼卿,福建厦门人。早年业商,后以家庭关系从军。民国建立后,任厦门市警察厅厅长,1919年秋兼任市政局会办。卢永祥督浙时,任督军署军需处处长。1922年2月26日,被北京政府授予陆军军需监(相当于少将)。易兄弟五人,他排行第三。四弟易兆雯,曾任福建省警察厅厅长;五弟易兆霆,李厚基督闽时任督军署参谋长。

3. 王郅隆旧居

建国道74号。王郅隆(1888—1923),字祝三,天津人。先世为天津粮商,本人兼营木业和盐业,民国后又介入金融业和纺织业,一度担任金城银行总董。1917年11月,皖系军阀政客组织安福俱乐部,王任常任干事兼会计课主任。1918年任安福国会参议院议员,并一度出任北洋政府财政总长,被目为"安福系财神"。皖系失利后遭通缉,逃往日本躲避。1923年9月1日,死于日本关东大地震。其子王松午,曾任裕元纱厂总稽查,1932年起租浙江会馆开办达生制线厂并任总经理,生产猴牌纱。

4. 李廷玉旧居

博爱道36号。李廷玉(1869—1952),字实忱,天津人。早年入保定北洋将弁学堂,以炮科第一名毕业。先后出任清朝陆军部检察官、防守南京兵备处总办兼警察总办等。辛亥革命后任天津统领、乌里雅苏台将军署参赞、察哈尔军务帮办、豫南总司令部总参议、九江镇守使、大总统顾问和江西省省长等。晚年退居故里,先住意租界,后迁英租界。20世纪30年代初,寓居于此的李廷玉在距家不远的海河东岸创立国学研究社并任社长。另有记载其在意租界五马路(今自由道)也有住所。

5. 杨天寿旧居

进步道74号。杨天寿(1899—1994),浙江余姚人。北京清华学校毕业,1920年官费留美。归国后,曾参与创办西北银行,任协理。1935年,任河北省银行总经理、中国农工银行天津分行经理兼久安商业银行总经理等。1949年后曾任工商联副主任委员、天津市政协副主席。其夫人是杨柳青人"赶大营"首倡者安文忠之女。

6.张星榆旧居

民族路 27 号。1921 年建,2006 年按原貌重建。张星榆(1880—?),字白臣,河北抚宁人。光绪丙午年(1906)优贡。朝考知县,历署奉天辽中安广等县。民国后任黑龙江省实业厅厅长兼军政两署秘书长。中华民国北京政府将军府愉威将军,陆军中将。其女张淑纯,是著名的含光女中创建人;其孙张克诚,即天津解放前夕"智盗城防图"故事的主角之一。

7.韩麟生旧居

自由道 32 号。韩麟生,奉天省(今辽宁)辽阳县人,著名奉系将领韩麟春胞弟。20 世纪 30 年代任津海关监督,1935 年 6 月在日本军国主义压力下,被南京国民政府解职。该楼是天津海关提供的官邸,他在英租界另有私宅。韩早年留学英国,曾任沈阳商埠局总办,在职时他积极推进沈阳商埠地的建设,并亲募资金增修经纬道路、辟建街心公园等,形成新兴商业中心,对沈阳城市近代化起过不小的作用。

8.王一民旧居

民建胡同 2 号。王一民(1898—?),辽宁新宾人。1919 年考入东北讲武堂第一期炮兵科,与张学良同班。1928 年与张学铭一同入日本陆军步兵专门学校深造。回国后历任东北军营长、中校团副、作战科长、参谋处长、副官长等。1930 年调天津,任保安总队总教练、总队长及特务队总队长等。1931 年"九一八"事变后,日本特务机关在津策划"便衣队暴乱",王当时兼任天津市戒严司令部副司令,参与平息暴乱,旋升任天津市公安局局长。1949年后去台湾。

9. 杨豹灵旧居

进步道85号,团结西胡同(原回力球场球员宿舍)临街洋风联排住宅中的一所。杨豹灵(1886—1966),江苏金山人。苏州东吴大学毕业,1907年赴美留学,学土木工程,归国后主要在水利部门工作,任顺直水利委员会流量测验处处长等。1928年后定居意租界,经营大昌公司,为意租界董事会华人咨议。1936年任天津市工务局局长,抗战胜利后任天津市政府外事处处长等。晚年居英租界,与其弟名医杨济时比邻。

10. 卢景贵、卢鹤绂旧居

胜利路南段东侧,原北安道19号。卢景贵(1891—1967),字介卿,祖籍山东省莱州市。1911年入北京农工商部高等工业学堂机械工程科,1912年转入天津直隶工业专门学校。后赴美国留学,回国任四洮铁路管理局局长及东三省交通委员会路政处主任委员、总务处主任委员等。1933年东三省交通委员会被撤销,此后寓居天津。著有《高等天文学》《曹氏八卦掌谱》等。其长子卢鹤绂(1914—1997),核物理学家,中科院院士。因揭示原子弹爆炸秘密,被誉为"中国核能之父"。其在流体力学领域的成果,被命名为"卢鹤绂不可逆性方程"。

11. 阎家琦旧居

胜利路南段东侧,原北安道17号。阎家琦(1895—1961),字经韬,直隶临榆人。日本东京警官学校毕业,曾任沈阳商埠警察分局局长。1930年任天津市警察局督察员,转年任金家窑派出五所所长,1932年任警察教练所所长。1933年任天津市公安局一分局局长。1937年天津沦陷后,任伪天津市警察局局长。1952年在青岛被捕解津。其女阎绣荷,嫁开国少将解方。解方(1908—1984),原名解如川,又名解沛然,吉林东丰人,与张学铭是留日同学。1930年任天津市保安总队队长,参与平息"便衣队暴乱"。1936年秘密加入中国共产党。在天津市公安局任职期间,曾一度住在阎家。

12. 潘毓桂旧居

民族路47号。潘毓桂(1884—1961),字燕生,安徽省盐山县人。清末举人。日本早稻田大学法科毕业。1935年任冀察政务委员会委员兼政务处处长。1937年卢沟桥事变后,任伪北平市警察局局长。1938年任伪天津市市长,1939年去职赴日。1945年抗战胜利后被逮捕,关在上海提篮桥监狱。其子潘铁铧,号骏千,日本庆应大学医学博士,著名农药毒理专家。他曾利用这所宅子开办"骏千医院"(后迁英租界)。潘毓桂之干女儿、日本著名影星李香兰,曾随干爹住过这里。

13. 张绍姜旧居

民主道31号。张绍姜,生平事迹不详。仅知其曾任伪华北政务委员会北平统税署署长、伪华北统税局局长。

14. 程曦楼

胜利路南段东侧,包括民主道37—45号和原北安道3—7号。

原北安道3号为著名书法家华世奎旧居。原北安道7号为祖彦彬、祖彦清兄弟旧居。祖氏为河北抚宁人,明季名将祖大寿后代。祖彦清是著名律师。民主道39号为程曦旧居。程曦(1879—1954),号吴樵,河南开封人,为天津市长程克胞兄。早年读私塾,曾在开封邮政部门工作,当过所长。程克发迹后,一直负责为其处理各类往来文牍,但从未任实职。1916年起居津赋闲,1931年搬至今民主道39号。整幢楼房1956年私房改造时献给国家。程曦交游不多,主要兴趣是写字和作画。

15.杨增新楼

胜利路南段东侧,原北安道21-27号。杨增新(1859—1928),字鼎臣,云南蒙自人。1889年中进士,曾任甘肃河州知州及新疆阿克苏、乌鲁木齐、巴里坤等地道台。1911年辛亥革命后,任提刑按察司、新疆督军。1928年接受南京国民政府任命,为省主席,同年7月在政变中被杀。有《补过斋文集》。他在天津拥有大量房产。该楼1918年建,本为协丰里一部分。原北安道21号房客姓朱,其家曾是中共地下党活动地点之一。

16.安氏旧居

民主道10号。安维康,祖籍武清县河头镇(今属北辰区),幼时随父迁居天津市区。后与人合伙开货栈,做粮食生意,约1942年起一直租住在意租界二马路10号(即今民主道10号)。全家住在二楼,一楼用于货栈经营。1975年安维康病逝。其子安毓平,1939年生,1959年进入国家篮球队,是20世纪60年代著名男篮国手。

17. 曾氏祠堂旧址

光复道47号。此地2005年整修时曾出土"曾××之墓"碑石，后下落不明。民间相传该建筑系曾国荃后裔所建家祠。曾国荃（1824—1890），曾国藩胞弟，曾参与镇压太平天国起义。历任湖北、陕西、山西巡抚及两江总督等。

按：经深入考察确认，所谓"曾××之墓"碑石，应为"曾少卿之像"。民间传闻及当事者说皆有误。该建筑实为音乐家曾志忞（曾少卿子）居所，兼有住宅和祠堂双重功能，故风格上有祠堂建筑特征。若正式命名可称"曾志忞旧居"或"曾寿渔堂旧址"（寿渔堂为曾氏家族堂号）。2007年余参编《天津市河北区文化旅游指南》时，根据两处民间口碑和一位当事人介绍，贸然将其定为"曾国荃祠堂"。撰本文时对"曾国荃"说法虽持怀疑态度，但因尚无铁证推翻旧说，所以叙述中仍留有"民间相传"的含糊尾巴。科学确认历史建筑身份，余总结有"三重证据法"，此案例恰未坚持"三重证据"，以至出现严重失误。谬种流传，我辈可不慎之。书此以存教训，勉之勉之。甲午立夏补识。

18. 意国驻军司令部旧址

民生路17号。青砖两层建筑，细节作壁柱等欧式细节。该司令部紧邻原意国工部局，出门正对原意国兵营所在的小马路（今光明道）。

19. 比商电车电灯公司旧址

进步道29号。该建筑系1904年建。原为比商天津电车电灯股份有限公司总部办公楼，1937年为日伪控制的华北电力公司天津分公司，1945年为南京国民政府冀北电力有限公司天津分公司，1949年后由人民政府电力部门使用。2008年辟建为天津电力科技博物馆。

20. 华新纺织股份有限公司旧址

建国道84号，系华新纱厂董事会办公地。该厂1915年兴建，厂址在北站外华新大街，1936年被日商低价收购，改为钟渊公大实业株式会社第七工厂。聂国屏20世纪40年代居此。聂国屏（1915—1998），河北抚宁县人。1939年毕业于燕京大学西语系。曾任天津智德中学英语教师、天津工商学院讲师等。1949年后为民盟天津市临工委委员。1950年发起组织天津市天主教三自革新运动促进会，曾任秘书长、副主任。1951年起，先后在津沽大学、天津师范学院、天津师范大学、河北大学工作。

21. 明星汽水公司旧址

光明道29号。原为吴毓麟旧居附属楼房，租与明星汽水公司使用。1932年卖与汤玉麟，作汽车房及马弁居住之所。明星汽水公司创办于20世纪20年代，是当时天津知名汽水企业之一。

22. 萌华绸缎庄旧址

光复道24号。主人名胡炳旺。一楼为门市，二楼系住所。该店在当时意租界颇负盛名。

23. 大陆银行河东支行旧址

民族路25号，与进步道交口处。1922年，大陆银行天津分行在河东三马路(今进步道)设河东支行,行址即在此处。著名书法家郑诵先任该支行经理时,曾长期居此。郑诵先(1892—1976),本名世芬,字诵先,四川富顺人。20 世纪 30 年代初曾任天津市政府秘书长。他幼承家学,酷嗜书法,各体俱能,尤以草书见长。著有《怎样学书法》《各种书体源流浅说》等著作。

24. 渤海中学分校旧址

民生路 2 号。主校址位于今民权路天柱里南侧,大门临建国道,原建筑已不存。此分校租用的是著名毒枭冷柏祥的房产。

25. 治新日报社旧址

民权路天柱里。治新日报创刊于 1931 年 12 月 13 日,社长田树雨,主笔马春田。停刊时间不详。

26. 郭文焘旧居

胜利路南段西侧,原北安道 22 号。郭号种萱,安徽省肥东县店埠镇人。约 1851 年出生,1926 年去世。秀才出身,清末曾任直隶省满城、深泽、丰润等县知县,直隶补用知府。民国时寓居天津,租住河北天纬路三才里。1920 年在奥租界买地建房,即今胜利路现存洋楼。原建筑为坡顶,1976 年地震后维修成今貌。郭有五子,长子郭金寿为直隶省龙关县知事,三子郭秉和任青岛市财政局长,五子郭望渠是集邮家,抗战胜利后为天津邮票会副会长。

27. 龚心湛旧居

胜利路南段西侧,原北安道 20 号。龚心湛(1871—1943),字仙舟,安徽省合肥人。1919年任北洋政府财政总长兼代理国务总理,1924年任内务总长,1925年任交通总长。脱离政界后寓居于此。龚心湛夫人郭金仪,是郭文翯次女。龚心湛迁居英租界后,该房由其女儿龚安芸和女婿王立荪居住。1937年前后,曾租给抗日将领李文田。李文田(1894—1951),字灿轩,河南浚县人。1936年驻防天津,任天津警备司令部司令及市公安局局长、市警察局局长。1937年7月27日,李文田在此召开"七人会议",决定主动出击日军并通电全国进行抗战。

28. 程季华旧居

胜利路南段西侧,原为北安道24号。程是安徽人,约1923年在津去世。他长期任外国洋行买办,与奥国工部局关系密切。其住宅由奥国工程师布吕纳主持设计,1920年建成。宅后的善邻里,亦为其房产。其夫人郭金镜,是郭文翯三女。

29. 上海王氏旧居

平安街79号。建于民国初,相传为奥国领事官邸,后归汤玉麟。20世纪30年代又售与上海王氏。1937年天津沦陷后为日本宪兵队占据,抗战胜利后由天津市保安队使用。王氏为上海巨商,居津营金店业(门店在今天增里和平路临街),在意、英租界有多处豪宅。王家少爷喜骑白马,约1938年前后,在黑牛城附近被绑架撕票,王氏举族迁回上海。

30. 国民党天津市公安局侦缉队旧址

胜利路西侧,原北安道26号。该房原为进步道曹家大楼之一部分,1937年前后由天津市公安局侦缉队使用。

31.裕华园浴池旧址

寿安街10号。浴池为法商益隆公司开发的致安里住宅之一部分,1930年建成后即辟为浴池,用途和名称至今相沿不改。

2008年11月25日完稿

按:本文分两次刊于《天津史志》2009年第1期(总第120期,2月20日出版,第21-23页)、第2期(总第121期,4月20日出版,第34-35页)。署名"杜鱼"。文章发表时,北安道已更名为胜利路,但尚未公布新的门牌,因此只能用"原北安道"标识。另意式风情区内建筑,近年也重新整编了门牌号码,如文中光复道47号,现门牌号码为光复道37号。聊存一段历史,不再一一改动。文中确认身份的历史建筑,如今多有被公布为各级文物保护单位并挂牌保护者。

附录三

开放的五大道
开放的小洋楼

　　五大道是天津著名的历史风貌建筑区,现存各类风格建筑约2000幢,素有"万国建筑博览会"美誉。今年9月23日起,五大道的10所小洋楼,逢双休日对团队游客开放,使人们欣赏洋楼街景、聆听名人故事的同时,可以与老建筑更加近距离地接触,仔细品味其深层的历史文化内涵。笔者近来翻阅了有关文献记录,采访了一些洋楼主人后代,还实地调查取得部分口碑资料,补充了一些鲜为人知、弥足珍贵的历史记载。

马场道102号——李烛尘旧宅

　　李烛尘(1882—1968),湖南永顺人,原名李华榗,字竹承。日本东京高等工业学校毕业。1919年任塘沽久大盐厂厂长,并改名"烛尘",与范旭东、侯德榜一起,成为我国近代化学工业的开拓者之一。1956年任食品工业部部长,1958年任轻工业部部长,1964年当选为全国政协副主席,1965年任第一轻工业部部长。

今马场道102号李烛尘旧宅,属著名的安乐村公寓住宅,意大利建筑师保罗·鲍乃第设计,建于1933年,四层砖木结构。1949年天津解放后,李烛尘迁居这里。1951年12月28日,毛泽东同志趁来津参观华北区城乡物资交流展览会之机,到这里看望李烛尘,停留了约20分钟。有文章说毛主席在此与李彻夜长谈,是一种误传。1955年,李烛尘离开马场道迁居北京。现旧宅内布置有李烛尘生平图片展。

重庆道55号——原庆王府

庆王载振(1876—1947),字育周,清末军机大臣奕劻之子。1896年封二等镇国公。1901年赏加贝子衔。1902年以出使英皇加冕典礼专使名义,前往英国及法、比、美、日访问,后出版《英轺私记》,记载访问过程及各国政令、典章、教育等情况。1917年袭乃父爵位,成为第四代庆亲王。1925年迁居天津,1928年购得著名太监小德张剑桥道寓所(今重庆道55号),始被称为"庆王府"。

小德张(1876—1957),直隶静海(今属天津)人。庆王府本是其设计营造的私宅,建于1925年。主楼砖木结构,三层中西合璧式建筑,主入口前设19级扇形石阶,有彩色琉璃瓦柱外廊和玻璃罩棚演戏大厅等。载振入住后,又在顶层增建供奉祖先的影堂。1949年为中苏友协天津分会会址,1968年市政府外事办公室迁此。现旧址内布置有庆王府图片展。

马场道 117——原天津工商学院

马场道天津外国语学院址,新中国成立前为天津工商学院。该院筹建于1920年,次年选定英租界马厂道(今马场道117和119号)为校址。1948年注册为私立津沽大学,1951年改公立。1952年,其工学院并入天津大学,商学院并入南开大学,后在原校址成立天津外国语学院。

外院校园内现有1949年前建筑十余处,其中1、2、3、4、17、21号楼及桑志华、德日进旧宅,为天津市历史风貌建筑。1号楼是工商学院主楼,建成于1931年,具有欧洲文艺复兴建筑特色。3号楼为工商附中。4号楼原称和平楼,前廊展出有天津工商学院老照片,另有张绍曾、刘冠雄及其旧宅老照片。17号楼为北疆博物院。

河北路 314 号——张元骥旧宅

著名作家航鹰创办的近代天津与世界博物馆,原是书画家张元骥(1884—1948)旧宅。元骥为清末军机大臣张之万长孙,本名张隆眉,以号行于世。民国初期,自祖籍河北南皮迁居津门,曾暂住旧英租界三十二号路(今营口道至徐州道段之南京路),后从山西祁县乔氏家族手中购威灵顿道小光明里楼房(今河北路314号)为居所。1953年该楼售与国家,由市工商联办公用。元骥诗书画皆精,与华世奎、张恨水、刘云若等交游,与城南诗社诸人也十分稔熟。

据《天津市地名志·和平区卷》记载,张元骥小光明里旧宅建于1939年,最初称光明里,后因重名改为小光明里。此楼原为具有装饰主义风格意味的现代住宅,纹饰简明粗犷,具早期现代主义建筑特点,近年整修为古典主义立面。

大理道 57 号——王氏旧宅

今大理道 57 号被专家称为王氏旧宅,实即著名军统特务王天木住所。王是奉天(今辽宁)人,东北讲武堂毕业,曾任黑龙江督军吴俊升部下级军官。1932 年,经吴俊升子吴泰勋介绍结识戴笠,协助戴组成复兴社特务处,并出任该处天津站首任站长。王在天津组织过两次著名暗杀,一是 1933 年暗杀亲日的北洋军阀张敬尧,一是 1934 年暗杀抗日的爱国将领吉鸿昌。1934 年,王指使人在意租界绑架汤玉麟的孙女,勒索银洋 5 万元,事发后激起舆论谴责。蒋介石责令戴笠查处,戴被迫把王调至南京禁闭。1937 年卢沟桥事变后,戴笠复派王天木来天津活动。1939 年调往上海,不久公开降日。1945 年日本投降后藏匿于北平西山。1948 年逃往香港。

【王氏旧宅为典型的早期现代主义风格建筑,以横向线条为母题,突出了建筑材质的特点。这里现为花园酒店,布置有五大道老照片展。】

睦南道 50 号——张学铭旧宅

张学铭(1908—1983),字西卿,奉天(今辽宁)海城人,张学良二弟。1928 年入日本陆军步兵学校学习。1930 年任天津市公安局局长,1931 年任天津市市长兼公安局局长,其间两次粉碎日本特务操纵的天津便衣队骚乱。1949年定居天津。1950年入华北人民革命大学学习,毕业后任天津市人民公园主任。1954年致函毛泽东,请求为人民公园题字。后任天津市政工程局副局长、民革天津市委副主委、民革中央委员等。1978年后被特邀为全国政协委员、天津市政协常委等。

张学铭旧宅建于1925年,是宽敞的庭院式别墅。原为郑织之房产,1931年张以大福堂名义购入。主楼两层,带顶子间,外墙砌筑紫红色机砖,配以多坡筒屋顶,整体风格简约自然。

大理道9号——马占山旧宅

马占山(1885—1950),字秀芳,祖籍河北省丰润县,生于吉林省怀德县(今公主岭市)。1931年"九一八"事变后,任黑龙江省代主席兼黑省军事总指挥,曾率部在嫩江大桥打响东北抗日第一枪,史称"江桥抗战"。1933年,任南京国民政府军事委员会委员,1934年来津寓居。其间曾参与推动"西安事变"和平解决。新中国成立后作为民主人士参加了中国人民政治协商会议。

马在津寓居时间最长的宅子是今湖南路11号,前后约三年。1937年天津沦陷前夕,他匆忙赶往南京。今大理道9号是普通英式建筑,马只在此临时住过很短时间。鲜为人知的是,天津沦陷期间,该楼成为伪天津市市长温世珍居所。两个在民族大义面前立场迥异的人,先后住在同一所房子,这倒给建筑本身增添了很多历史的意味。

【该建筑设计中引入部分中国民俗元素,现为金龙苑美食城,布置有马占山生平图片展。】

大理道 66 号——孙震方旧宅

孙震方,字养儒,安徽寿州人。其父孙多森,是清末民初著名的寿州孙氏财团创业人。孙震方 16 岁去美国,未入大学即回国。父亲死后,孙震方继任通惠公司总经理,因不善经营而让位于其叔孙多钰。

孙震方在津沪均建有豪宅,其天津旧宅在今大理道 66 号。该建筑为局部三层的砖木结构洋房,外檐白色水泥饰面,造型富于变化,人字构架,多坡瓦顶,再配以造型各异的门窗,具有浓郁的西班牙建筑风格。院墙入口处筑过街门楼,院内原有游泳池、高尔夫球场以及休息坪、藤萝架、美式花坛等。1949 年新中国成立后,该楼改为和平宾馆,毛泽东、周恩来、邓颖超、邓小平、贺龙、叶剑英、聂荣臻等党和国家领导人来津视察工作,均曾下榻于此。毛泽东同志还取其字"润之"的"润",将园子改名为"润园"。毛泽东、周恩来等居住过的房间挂有介绍铭牌。

河北路 267 号——顾维钧旧宅

顾维钧(1888—1985),字少川,江苏嘉定(今上海市嘉定区)人。美国哥伦比亚大学博士。早年任外交部参事及驻美、日等国公使,驻美大使等。1918 年出席巴黎和会,拒绝在损害中国主权的和约上签字。1922 年起,任北京国民政府外交总长、财政总长,并两度代理内阁总理。1934 年起任海牙常设仲裁法庭仲裁员,驻法国、英国大使,驻联合国筹备委员会首席代表等。著有《外人在华之地位》《顾维钧回忆录》等著作。

顾氏旧宅具有典型的英国乡村建筑风格，是1927年以顾少川名义从英租界工部局购地建造的。主楼三层带地下室，混合结构，木屋架起脊。主入口两侧饰有巴洛克式麻花柱。楼内布置有顾维钧生平图片展。

河北路283—295号——疙瘩楼

疙瘩楼（还包括睦南道59号）为具有西班牙风格的毗连式里弄住宅，总体平面布局紧凑，各单元联成组合，采光通风良好。墙面使用带"疙瘩"的过火缸砖，故得名"疙瘩楼"。该楼建于1937年，是英商先农公司建造的商品住宅，由意大利建筑师保罗·鲍乃第设计。圆形门楣上有圆拱半凹悬挑的曲尺形阳台，凹凸变化间呈现出丰富的立体感及明暗效果，又具有浓郁的意大利风格。窗口、门口等处装饰细密繁琐，具有强烈的银匠式意味。其中285号是著名京剧表演艺术家马连良多年居住的地方，陈列有京剧演出的戏衣。此外，著名绍兴师爷、李鸿章幕僚娄春蕃之子娄裕熊（曾任北京国民政府参议员）、黑龙江督军鲍贵卿之子鲍全麟，也曾在疙瘩楼居住。

按：本文刊于《今日天津》画刊（2007年第4期，总第60期，第6—9页），2007年12月25日，中国天津今晚传媒集团编辑出版。署名"杜鱼"。【】内的两段文字，为发表时编辑删节部分。文中所述一些内容，均为建筑开放初期情状，而今时世迁变，多数洋楼已闭门谢客。另除《河北路314号——张元骧旧宅》《大理道57号——王氏旧宅》《大理道9号——马占山旧宅》三段调查深入有所发明外，其他均为乏新意的应景式介绍，仅供当时读者了解建筑的基本情况。

附录四

"三重证据法"及其在确认历史建筑身份中的运用

——以天津北洋人物旧居为重点的方法与个案探讨

内容摘要：本文以城市田野调查为基础，进行系统的总结推阐，提出确认历史建筑身份的"三重证据法"，并列举实例予以说明。在中国城镇现代化飞速发展过程中，历史建筑正以前所未有的速度大量灭失，这其中有很大一部分都与建筑身份不明，其历史价值和人文价值未能得到充分认知有关。也就是说，大量历史建筑的拆除是无知和盲目的。因此，对身份不明的历史建筑重新进行身份确认，成为建筑文化遗产保护极为重要的一环。天津在近代史上辟有九国租界，吸引了众多北洋人物及其他各界名流在此寓居，留下了数以千计的小洋楼。寻找这些洋楼曾经的主人，对于推进北洋人物和天津地域文化研究，都具有积极的意义。

关　键　词：三重证据法　历史建筑　身份确认　北洋人物旧居

进入21世纪以来,随着现代化建设的飞速发展,我国城镇正面临着前所未有的变局。法律的阙失、规划的滞后以及人为的干扰,导致城镇历史建筑大量灭失,不可移动文物屡遭盲目乃至有意的破坏,最终导致城市的个性日益泯灭,形成"千城一面"的尴尬格局。与此同时,文化遗产保护工作在整个国家文化发展战略中的地位也在日益提高,《中华人民共和国文物保护法》《历史文化名城名镇名村保护条例》《文物认定管理暂行办法》等相继完善和出台,相关的法制建设越来越受到重视。2005年12月,国务院发出《关于加强文化遗产保护的通知》,决定从2006年起,每年6月的第二个星期六为我国的"文化遗产日"。

1986年12月8日,国务院正式批转有关通知,天津被列入第二批国家历史文化名城。通知附件对天津的历史和城区特点作了如下介绍:

> 天津是我国北方重要的港口贸易城市、交通枢纽。从金、元时起,由于漕运兴盛促进商业繁荣而发展起来。明代在此设卫建城,进一步奠定了古城的基础。保存的文物古迹有天后宫、文庙、广东会馆等。革命遗址有大沽口炮台、望海楼遗址、义和团吕祖堂坛口遗址、觉悟社、平津战役前线指挥部等。传统文化艺术有泥人张彩塑、杨柳青年画、天津曲艺等。现存的过去各国租界地的外国式建筑和清末民国初年的别墅式建筑和街道,如同一个近代"建筑博物馆",很有特色。①

---

① 《建设环境部、文化部关于请示公布第二批国家历史文化名城名单的报告通知》(国发[1986]04号)。

仔细解读这段文字可以看出,天津作为历史文化名城,除了非物质文化遗产外,物质文化遗产主要应该涵盖两个方面的内容:以"天津卫城"为中心的传统城区和老三岔河口以下沿海河东西两岸分布的"九国租界"。但截至目前的现实却是,除了西沽地段以外,天津的传统城区已没有成片遗存,偶有建筑保留下来也难以形成规模;而近代以来与天津传统城区同存并生的九国租界,虽然也遭到现代建设的猛烈冲击,但其基本格局仍然依稀可见。

天津自1860年开埠,先后辟有英、法、美、德、日、俄、意、奥、比九国租界。这种被迫的开放,造成了天津城区独一无二的特点和特殊的近代发展历程。当时,西方流行各种冠以复兴名义的建筑形式,如古典主义、折衷主义、现代主义,以及带有各国地域特点的多种欧美建筑形式,这些在天津都得到广泛的发展和运用,使得天津建筑形成多元包容的特点。与之同时,世界建筑的发展和新材料、新技术的传入,也使中国传统建筑发生了深刻变化。特殊的城市历史,为天津留下了一大批特殊的建筑遗存,素有"万国建筑博览会"的美誉。目前,保存比较完好的租界历史街区包括解放北路、中心公园、赤峰道、劝业场、五大道、一宫、鞍山道以及宁波道一带,涉及英、法、德、日、意等国租界。在天津现存数以千计的洋楼中,公共建筑因其面向公众的特性,其历史脉络和文献资料相对比较完整;而具有私密特征的住宅,经过七八十年乃至上百年风雨,加上档案文献之损毁和流失,很多建筑的主人已湮没在历史的尘埃之中。目前,即使得到某种程度保护的文物建筑和历史风貌建筑,也有相当数量身份不明;至于这之外的历史建筑的身份,就更少有人知晓了。而建筑身份的模糊不明,又直接影响到对其价值的认知,以及相关文化遗产的保护和利用。

"小洋楼"虽然某种意义上已成为天津城市的符号或者象征,但真正具有科学研究和建筑史意义的,仍然只是其中的很少一部分。更多洋楼的价值,仍体现在其深厚的历史人文内涵上。因此,寻找洋楼曾经的主人及其历史(1949年以前为主),就成为一项非常紧迫的工作。

从2005年起,笔者一直花费精力进行租界名人旧居(都是各式各样的小洋楼)的调查,确认或者基本确认名人旧居300处以上,其中与北洋人物相关联者占有相当比例。其重要者如南京路100号张勋旧居、原北安道20号龚心湛旧居、原北安道19号卢景贵卢鹤绂父子旧居、湖南路11号马占山旧居、湖北路1号张人骏旧居、芷江路泰华里1号李准旧居、常德道72号苏锡麟旧居、陕西路3号王廷桢旧居、陕西路63号王永泉旧居、赤峰道83号张爱玲旧居等。在大量的实践中,笔者根据不同情况,摸索出确认名人旧居的几种不同方法,包括地图定位法、照片比对法、门牌推理法和三重证据法等。

在这些方法中,地图定位法、照片比对法和门牌推理法,都受特定条件和地域的限制,具有相对普遍意义和实践价值的,应该是三重证据法。这里所说的"三重证据",包括相关联者的指认、文献资料的定位、实地考察的补充,亦即人证、书证和旁证的结合。下面我们就分别缕述。

一、相关联者——人证的寻访

所谓相关联者,特指与洋楼主人关系相对密切,曾以各种缘由出入或了解其宅邸,并最有可能知道其家庭情况的人。相关联者具体可包括洋楼主人及其后代,或者是主人的亲友、同学、同事、同乡、僚属乃至佣工等及其后代。这里后代一般可掌握至子辈和孙辈,他们对父辈、祖辈的情况了解比较深透;至于曾孙辈的证据作用,一般会因时间相隔较远大为减弱,但也不能一概而论,譬如金梁曾孙女关大唐女士,与金梁一起生活二十余年,对金梁住所搬迁过程和著述生活细节等都记忆犹新。

寻访相关联者的过程,实际就是查找人证的过程,目的是让其对某所名人旧居的主人进行指认。这里分两种情况:

一是在田野调查过程中发现某处住宅建筑,并获得了主人的相关线索,再通过各种渠道寻找相关联者予以确认。二是在阅读文献过程中获得某处名人旧居线索,需要寻找相关联者以确定具体位置,以便深入现场进一步考察。

无论是"确认"还是"定位",最好的办法就是把相关联者带到现场,由其具体指认和回忆。如果其对周边人文环境比较熟悉,还可以借机多了解一些其他线索。如果相关联者身在外地、年纪偏高或者健康欠佳,无法亲临现场,问题的解决相对复杂一些。这就需要多角度拍摄建筑(包括门窗和特殊细节)和周围环境的照片,画出建筑及周边环境的草图,再请相关联者予以辨认指证。这一点有时需要多次往返,才能保证结果的准确无误。少数时候相关联者会提供旧时或现时的门牌号码,问题解决起来可能会相对简单一些,但仍需要注意两个问题:一是所提供的门牌号码存在时间必须搞清,因为天津门牌变化较为复杂,特别容易发生错误;二是即使门牌无误也要履行拍照和绘图等程序,以确保万无一失。

人证的寻访对确认名人旧居至关重要。同时,采集相关联者的历史记忆,还可以从时间上贴近历史现场。很多年届耄耋的老人,还是一些历史事件的亲历、亲见或亲闻者,他们所述内容的资料文献价值较高。人证往往还会有数个或更多,因此需要多方了解慎重选择,找出与洋楼主人关系最密切的人加以深入访问。这里所说"关系最密切",并不专指血缘关系最近,一个常年在外读书、工作的子女,不一定比家中仆人更了解情况。因此在人证的选择上要仔细精心,选出能提供足够信息者。如果条件允许,最好把多个人证一一访问到,这样相互之间还可以印证。家在外地或海外者,则可考虑使用电话或电子邮件来进行访谈。

相关联者的采访,具有口述史的性质,应该记录好时间、地点等相关事项,最好能够录音或录像,并与被访者合影。采访是一门实践性和技巧性很强的艺术,怎样才能保证采访顺利,怎样才能把需要的内容掏干榨净,怎样才能达到最佳效果,怎样才能保证不生出各种矛盾纠纷等,都需要采访者具有高超的掌控能力,具体笔者拟另文叙述。

寻找相关联者是确认名人旧居最重要的一环,难度相对也最大,但不是没有可能。建筑里的居民有时会提供各种线索,个人的社会关系网(尤其是文史专家和掌故老人)也可资利用,现代化的互联网搜索引擎和博客等则能发挥意想不到的作用。不放过每一个可能,奇迹随时都会发生。笔者曾通过搜索引擎,直接查到乔映霞孙女乔燕和女士的家庭电话,从而确认赤峰道所谓"乔铁汉旧居",实际应为"乔映霞旧居"。

二、文献资料——书证的查找

通过相关联者指认或者居民口碑等初步掌握某处名人旧居的线索后,就可以进行文献资料的检索了,实际就是查找书证,从文字上逼近历史现场。这项工作非常考验调查者的目录学功夫和知识水平。

目前,因为我们的档案开放程度还不够,直接查找档案(房屋档案、户籍档案、地政档案)的可能性被大大地缩小。我们能够利用的,只有其他各种印刷或手抄的正式与非正式文献。书证主要是寻找某人曾经在某条街道、某个街区居住过的相对原始的记录。目前我们利用较多的是1949年以前的各种记载有居住地址的电话簿、同学录、同乡录、会员簿、花名册、调查表等。1949年以后去世的人,其任职单位或参加党派、社团等的有关名册也可资参考。

此外,我们用得比较多的还有天津市及各区县政协编辑的文史资料,相关人物出生地或工作地的政协文史资料,台湾的《传记文学》杂志及相关图书等。在这些回忆性文章或著作中,作者经常会随笔记下有关人物的住址。利用回忆文章时,一定要搞准文章写作时间(不是发表时间),以及其所说门牌号码的存在时间,否则就会搞错。

一般来说,政府系统县长以上,军队系统团长或少将以上,企业单位经理以上(大型著名企业部门负责人以上),还有文化界的知名人士等,都会在文献上留下或多或少的痕迹;关于他们住址的问题,也多会留下或明晰或模糊的线索。尤其是1949年前的电话本,基本可以囊括出版时社会各界有影响的人物,利用率非常之高。

三、实地考察——旁证的采集

获得关于名人旧居的线索后,就可以进行实地考察了。实地考察就是从空间上走近历史现场,寻找能够说明历史的旁证。

我们进行实地考察的关注点主要有两个方面:一是建筑本身,二是建筑里的居民。

关于建筑,我们首先会注意其整体风格,记录典型的风格特征和建筑纹饰,确认其建筑科学上的价值。有时这些会与使用者密切相关,有助于考察建筑及其主人的身份。比如,纹饰上出现"大卫星",那么建筑可能与犹太人相关;出现菊花标志,那么建筑可能与日本人相关。其次是与建筑密切相关的铭文、牌记、碑石、痕迹(如弹孔等)。建筑上可能出现的主要有奠基碑石、竣工铭牌、院墙四角的界碑(往往刻有主人堂号和姓氏)等。还要特别注意门窗的装饰,有时上面会出现族徽等标志。如浙江路 25 号渠本翘旧居大门(现已无存),就镶嵌有渠氏的族徽,该建筑与起士林饭店相临一侧的墙角,还有一块浆洗衣服用的元宝石,据民俗专家确认,这种元宝石主要流传在山西一带,与渠家的山西籍身份正好相合。

实地考察的另一项重要内容就是居民口述资料的采集,它可与相关建筑的调查同时进行,这样还能节省很多力气。比如,有些碑石可能被居民收藏起来,有些痕迹可能就居民屋里,还有些铭牌、界碑等可能压在杂物下面,这都需要居民提供线索并配合考察,否则即可能遗漏重要的旁证。

实地考察采集口述资料的重要一点是要搞好与居民的关系。很多小洋楼现在都成了大杂院,但空间上仍与外界相对独立,院里居民关系一般都较好,会很警惕外人的进入,因此最好主动打好招呼,切忌自顾自地乱闯。经验告诉我们,主动说明目的的调查一般会很受欢迎。

口述资料采集实际上就是搜集另一种旁证，这种旁证就是居住在相关建筑内或者附近的老居民。所谓的"老"，我们一般掌握在1966年之前搬入。之所以选择这样一个时间点，是因为两个原因：一是经过20世纪50年代私房改造，原来大户人家的私产被"压缩"，新居民大量涌入，与原房主或其后人会有至少十年时间"同楼共处"；二是"文革"开始后，原房主及其家庭往往成为被揭发批斗或"破四旧"的对象，原本相对私密空间被一举打破，主人的姓名、职业和家庭情况等，有了被周边居民更多了解的可能。

采集居民口述资料，一般要搞清该居民搬入时间、简单经历、教育程度等，这几个项目对所述信息可靠程度至关重要。有时许多居民在一起，提供的内容会出现矛盾，一定要如实记录，然后再参证其他资料仔细辨析。还要记录好采访的时间、地点、人名、住处等。重要的居民（提供线索较多或提供重要线索者），要留下其电话或住址，以备随时核实，必要时还可进一步采访。

四、综合参证——名人旧居确认

前述的三门功课——人证的寻访、书证的查找和旁证（主要是居民口述资料）的采集，并没有一定的顺序：可以是实地考察时从居民口中获知建筑主人的线索，然后查找文献资料和寻访相关联者；也可以是从文献中获知模糊或较为准确的建筑线索，然后实地考察和寻访相关联者；还可以是由相关联者率先指认，然后实地考察和查找文献资料。三项工作之间实际是一个动态过程，可以互为支持和补充，同时或交替进行往往效果极佳。三者之间的互动关系与名人旧居确认可以示意如下图：

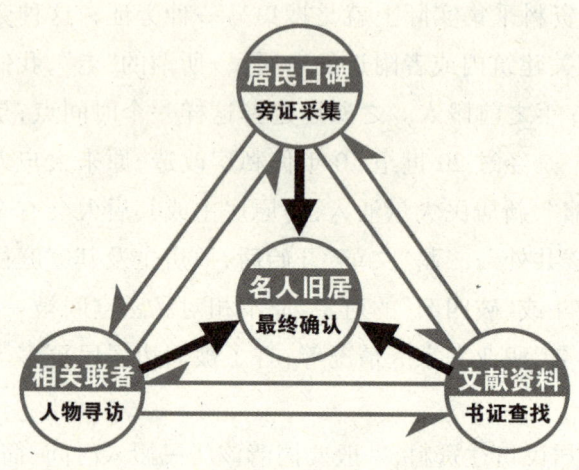

"三重证据法"关系示意图

人证、书证和旁证的采集都完成后,就可以综合分析判断了。我们认为,如果有三重证据——相关联者的指认、文献资料的定位、实地考察的补充——指向同一处建筑,那么就可以"确认"该建筑是某人之旧居;具备两重证据者,可以"基本确认";仅有一重证据者,则只能暂时存疑,作为继续考察的线索。

下面,笔者仅就调查所得略举三例,以收鼎脔之效。

案例一:卢景贵卢鹤绂旧居(胜利路403号)

人证:卢鹤纹(卢景贵第五子,卢鹤绂胞弟,1926年生,现居天津)。1931年至1953年住原北安道19号楼(今胜利路403号)。2005年3月19日现场指认。

书证:卢景贵著《高等天文学》(中华书局,1937年)之"序二"(自序)结尾题署云:"中华民国二十二年十二月三日沈阳介卿卢景贵识于天津意奥西交界路二十五号寓次。"意奥西交界路即今胜利路。

旁证：郭子禧指证。郭子禧1918年生，现居天津。2005年6月23日采访时郭回忆，其家对面是卢家。1949年前郭家住原北安道22号，卢家住原北安道19号，两处建筑隔街相对。1949年前郭子禧与卢鹤纹有粗浅之交往，1949年后无联系，2005年6月23日笔者采访时促成郭卢重新会面。

案例二：马占山旧居（湖南路11号）

人证：马志清（马占山长孙女，1927年生）、韩宝轩（马占山长孙女婿，1918年生）。夫妇俩现居天津。2005年2月5日现场指认。韩宝轩之父韩家麟，为马占山部抗日义勇军参谋长。韩家麟1932年在东北抗日牺牲后，韩宝轩长期随马占山生活。马志清、韩宝轩都在湖南路11号居住过。

书证：《马占山将军》（中国文史出版社，1987年）收录杜海山《除夕之夜的谋杀》一文："午后2时左右，突然有人来马宅（天津英租界46号路37号）要求面见我。"英租界46号路即今湖南路。杜海山是马占山将军的副官，曾随马住在46号路宅。

旁证：陈福林，湖南路11号附近居民（在德旺里巷口遇到，或即住在德旺里）。2005年2月5日采访时陈介绍，他听老居民讲过，湖南路11号曾住过抗日英雄。

案例三：龚心湛旧居（原北安道20号，今胜利路西侧①）

人证：郭子禧（龚心湛内侄，其姑母郭宜君嫁龚心湛）。郭子禧

---

① 天津北安道前些年更名为胜利路，目前路东一侧已经重编新的门牌，而路西一侧尚未重编新的门牌，只能仍用原北安道门牌号标识。

先生1949年前住原北安道22号,与龚家仅一墙之隔。2007年4月6日采访时据描述确认。

书证:《新天津指南》(天津绛雪斋书局,1927年)云:"龚仙洲宅特二区。"仙洲是龚心湛号,特二区是原奥匈帝国租界,原北安道20号历史建筑在其范围内。

旁证:李燕(天津市警察局局长李文田次女,1931年生,现居济南)。李燕于2005年6月23日在天津接受采访时回忆并指认,她家1937年前后租住在原北安道20号王宅。龚心湛晚年移居今重庆道64号,原北安道住宅由其次女龚安芸和次婿王立荪居住,与李燕所说之"王宅"吻合。

用"三重证据"相互参证来确认名人旧居,固然是一种理论上的完美推导。但在很多情况下,完善的"三重证据"的采集也是可遇而不可求的。因此在实际操作中,有些情况下可以对"三重证据"予以适当变通。

一种情况是,根据实践结果来提高相关联人指认的权重。奉系要员卢景贵之子卢鹤纹先生,20世纪30年代初开始即长期居住在原意大利租界,他曾为笔者指认过十余处历史建筑的主人,其中有七处经证明都准确无误,其余几处未经证明者虽然暂时不能定谳,但笔者认为准确度也相当高。如果我们能够再找到一重证据,那就基本可以下肯定的结论了。

另有一种情况是,有了文献资料的定位(书证)和相关联者的指认(人证),但一时未采集到居民口碑(旁证),这时如果再找到一名或以上的相关联者,而这些相关联者之间从未有过交往或最近几十年时间未有过交往,这时可用相对不重要的相关联者的指认来代替居民旁证,以完成"三重证据"的采集。之所以要求这些相关联者之间"未有过交往"或"最近几十年时间未有过交往",主要是防止相关联者之间相互传播甚至串通信息,避免出现表面看似有多个信息源,而实际上所有信息都来自一个源头的现象。

此外还有一种情况,我们认为,如果有三个或以上"互无交往"的相关联者的指认(即人证众多),那么在缺乏书证和旁证的情况下,也可以确认,至少是基本确认某处名人旧居的可靠性。不过这一点在具体应用过程中要十分小心。

三重证据法在针对具体建筑的操作中,几乎都会遇到各自的特殊性,远非以上"变通"所能概括。另外即使是具备"三重证据",每重证据体现在不同建筑上,也会有畸轻畸重的现象。这些都需要针对具体问题灵活掌握,但最关键一点就是——证据要尽量"充分"。

还需要说明的一点是,本文在关于三重证据法的理论性阐述中,有意忽略了另外的一重证据——物证。物证往往在实地考察或相关联者采访时出现,我们在"三重证据"中忽略它的原因有二:一是在实际操作中,发现物证的几率十分之少,可遇而不可求;二是重要物证往往是铁证,比如竣工铭牌、地块界碑、相关房地产档案乃至家族保存下来的建筑老照片或者以建筑主体、独特细节为背景的老照片等,这些都是不容轻易推翻的"铁证",有了如此"物证"之后,其他证据就显得不那么重要了。由于以上两点,我们在三重证据法的实际操作中,对旁证的要求基本上是以居民口碑为主。前述的"山西元宝石"之类,虽然也可算是一种物证,但其最多只能指向主人"山西人"这一身份,其证据效力远不如居民口碑指向的"渠本翘"直接和有力,因此我们仅仅把它作为旁证(且是无关紧要的旁证)来参考。

经过几年的努力,综合运用三重证据法及其他一些方法,我们已经确认或基本确认了三百多处天津名人旧居,另外还掌握了数百处名人旧居的线索,引起了越来越多的社会关注。对于已经确认或基本确认的名人旧居,在第三次全国文物普查过程中,笔者曾经作为线索大量提供给和平区与河北区的文物普查部门,其中被列入普查的历史建筑有上百处。在文物部门严肃认真的普查过程中,笔者之考察结果可以说经历了严格检验,目前尚未发现与文物部门调查结果相左的案例。

最后我想说的是,三重证据法在天津以外的城市中,也具有一定推广价值。多次与笔者合作考察名人旧居的张元卿先生(原天津社科院文学研究所副研究员,现在南京大学),今年7月初赴南京求学深造。他把三重证据法运用到了南京的历史建筑上,仅三个月间就发现名人旧居线索十余处,包括陈绍宽、徐复观、唐君毅、方东美、陈沧波、陈钟凡、李范一等著名人物。其中南京国民政府海军部部长陈绍宽、南洋公学校长李范一的旧居已经最终确认。

按:本文完成于2011年10月28日,同年11月19日在安徽阜阳"倪嗣冲与北洋军阀学术研讨会"上交流。后刊于《倪嗣冲与北洋军阀》(李良玉、吴修申主编,黄山书社2012年12月第1版,第349—356页),有所节略。本书收录的是未删落之原文。

我的"荏苒芳华"
（代后记）

先向读者致歉。本书是我的一组旧稿，主体部分25篇文字，除关于溥仪者略早（2004年12月），其他全部写于2005年。四篇附录则分别在2006年、2007年、2008年、2011年最后完成。说起这些玩意的写作缘起，则纯粹属于偶然。

2003年10月，我所供职的天津今晚报社，创办了一组地方版面——今晚滨海，主要面向当时的塘沽、汉沽和大港三个区，随《今晚报》一起发行。滨海新闻部的主事者，是我的老领导祝相峰老师。2001年3月，我由要闻部记者调任出版部编辑，座位与祝老师肩并着肩，中间有个不高的隔挡，直线距离则只有一米多。编务之余，我们常言来语去地扯闲篇儿。祝老师比较喜欢历史，我们就常谈一些所谓的历史话题，他也就此一直以为我是史学专业出身（其实是文学）。主政滨海新闻部以后，祝相峰老师想办个"乡情"版，主要是阐扬天津尤其是滨海地区的历史文化，并希望我能主持其事。我当时负责编辑头版要闻，每天早晨七点钟上班，虽然上午工作颇为紧张,但到了下午却无事可干,基本就是上上网买买书。那时,我仍执著于我的专业——中国小说史,正赶上网络旧书市场肇兴,各种购书机遇不时显现,偶然也有捡漏的时候,但大部分时间价格偏高,我的手头常现出"经济危机"。编辑"乡情"版呢,可在正常收入外再得到一份回报,恰好能够弥补我的拮据,因此很快就答应祝老师的邀请,作为"友情策划"着手做相关准备。随着"滨海新闻"的创刊,"乡情"版也诞生了,时当 2003 年 10 月 29 日。翌年 12 月 23 日,是天津设卫筑城 600 周年纪念日,因此我们也就跟着凑热闹,设了个"图说天津 600 百年"主题专栏。这个纪念日我们"迎接"了一年多。等正日子过去之后,总不好无休止地再"迎接"下去,因此在"图说"尚未结束的时候,祝老师就和我商量更换主题——他对天津的小洋楼非常喜欢,经常会带外地的朋友参观,而苦于其中的故事较少(当时关于天津小洋楼的书介绍都相对简略),因此希望我写些小洋楼的东西。我的网络购书生涯,有一段时间极其疯狂(高峰的一年平均每天将近 8 册),月月都会银根吃紧,写文章可另有补益,于是我就答应试试。着手准备选题和采访时,祝老师给我提出了两点要求:一是必须走近建筑进行现场调查,二是尽量找到洋楼主人后代深入了解。素材和主题虽然是"旧闻",但这个思路明显是"新闻"性的,因为现场调查和采访后代,可以从空间和时间两个方面来拉近读者与历史的距离。

  按照祝老师的想法,我开始了与天津历史建筑结缘的历程。其时鞍山道静园开始腾迁,我恰巧找到个给溥仪做过衣服的裁缝,就写了篇《"皇帝"在津打离婚》作为试笔,仍旧刊于"图说天津 600 百年"专栏里。祝老师站在新闻工作者角度提出的建议,使我竟然在不经意之间迈入城市田野调查的门槛,并彻底改变了我以后的人生道路。这些恐怕是当初我们两个都没有想到的。

如果说策划"图说天津600百年"时，还是当作一项工作任务来完成的话，进入"天津小洋楼的故事"写作状态之后，我已经逐渐体味到其中的乐趣，并且开始全身心地投入其中。我的"故事"恰好写满一年时间，河西区政协的张绍祖先生、天津市风貌办的金彭育先生、天津图书馆的王向峰先生、河北区新闻中心的王勇则先生，给予了我最初的诚挚的帮助，使我的采访和写作得以顺利展开并逐渐深入。2005年底，由于岗位的微调，我觉得不好继续写下去了，就找祝老师商量，最后决定结束"故事"。开专栏不是好玩的，虽然一年下来只是二十几篇文字，平均半个月才有一期，但其间要实地考察、寻访后人、翻阅资料，再加上具体写作等等，十几个半天也确实够忙活的，以至到了写作的后期，我总有挥之不去的疲惫感。"故事"专栏的终止，于我虽然不乏失去时的留恋，但也有甩掉包袱的释然。人想做些事并不容易，很多时候都需要一点儿压力。专栏结束后的三四年时间里，我虽依靠惯性续写了几篇关于名人旧居的文字，但无论是体例、风格、思路甚至篇幅，都与专栏写作有着明显的差异，因此这次结集时就都舍弃了。

从编辑"乡情"开始，在两年多的时间里，我结识了天津文史界的不少师友，并逐渐地融入了这个圈子。后来发生的种种，就都与此或多或少地关联在一起了：2006年在"中国记忆网"注册并介入天津市文化遗产保护，2008年创办《天津记忆》并依托其组织十余次学术性研讨会、纪念会，2010年创办《品报》并力倡通俗文学研究，2013年主持重建问津书院并创办《问津》……虽或其间不乏曲折蹭蹬，然而师友或明或暗地推助，使得诸般变化环环相扣，至今仍然难于自已。

十年前的旧作,如今看起来固然不无可取,但行文上的粗疏和幼稚则是显而易见的。其间也曾有过两次面世的机会,但皆因为我的疏懒与拖沓擦肩而过。十年的时光不能说是桑田沧海,但仍旧可谓变化巨大——很多我采访过的当事者都作了古人,所涉及的建筑有的拆毁有的则成为文物,更重要的是我的心境已无当初的新鲜和激情……虽然我与很多后人都保持着相当程度的联系,但已没有精力重新核实并修正旧稿了。本次结集完全保留刊出时的原貌,仅改正了三处重要的行文疏失,综计删掉七个字,改动两个字。其他或有变化,则完全是技术上的处理,如规范数字的用法,将"解放前""解放后"改为"新中国成立前""新中国成立后"等。这样以初学的面貌示人,对于我个人来说,固可以留作涉足天津文史的痕迹,可是对读者来讲很有些不负责任,自然只能说是十二分的抱歉了。

百年一瞬,造化弄人;芳华荏苒,不惑都过。想起那天给张元卿兄打电话往复沟通探讨书名,并最终选定"荏苒"和"芳华"两个词时,虽然更多的是指向久经风雨而价值犹存的历史建筑,可是过后真的细细地咂摸起来,也未尝不寄寓着年光老去的人生感慨吧。十年业已是一段历史,让十年前的历史定格在这纸上,或许比不断地修改历史要更有意义——对比曾经走过和正在走着的道路,也才有可能提高我们的智识乃至升华我们的人生!无论你是多么勤奋,人一辈子能做成的事是有限的,更多的则皆作为"梦想"随风化去。而十年来,师友们给了我太多的机遇和惊喜,使我将更多的人生梦想转化为现实——感谢所有给予过我支持和鼓励的人们,必须的!

言意难尽,拉杂书此,就此打住。

2014 年 5 月 13 日王振良写于沽上四平轩